Praxisratgeber Recht
Claas Möller / Olaf Schneider

Mietnomaden

Von A(bschreckung) bis Z(wangsräumung)

Praxisratgeber für Vermieter

Verlag Haus und Grund

1. Auflage 2005

Alle Rechte, auch die des auszugsweisen Nachdrucks, der fotomechanischen Wiedergabe (einschließlich Mikrofilm) sowie der Auswertung durch Datenbanken oder ähnliche Einrichtungen vorbehalten.

© Verlag Haus und Grund GmbH, Köln

Satz und Umschlaggestaltung: Atréju Mediendesign, Köln
Druck: Druckerei & Verlag Steinmeier, Nördlingen

ISBN 3-936945-04-7

Die deutsche Bibliothek verzeichnet diese Publikation in der Deutschen Nationalbibliografie; detaillierte bibliografische Angaben sind im Internet über http://dnb.ddb.de abrufbar.

Claas Möller / Olaf Schneider

Mietnomaden

Von A(bschreckung) bis Z(wangsräumung)

Vor einem halben Jahr sah ich einen Fernsehbericht über Mietnomaden. Ich habe herzlich gelacht, wie man so dumm sein kann, auf solche Leute reinzufallen. Jetzt haben wir selber welche im Haus. Christoph Scherz (43), Kleinvermieter

Inhaltsverzeichnis

Wie Sie dieses Buch lesen sollten

Dieser Praxisratgeber will Vermieter[1] vor Mietbetrügern bewahren, und zwar, bevor diese in der Wohnung sind. Wer dringend Rat braucht, überspringt die Berichte geprellter Vermieter in **Kapitel 1**. Darin steht nämlich vor allem, was man alles falsch machen kann – Trost: Sogar ausgebuffte Profis lassen sich reinlegen.

Von der Mietersuche bis zur Schlüsselübergabe lauern etliche Tücken. Sie sind beschrieben in **Kapitel 2**. Hier finden Sie alle Tipps, wie Sie Mietnomaden abschrecken und die Angaben der Bewerber effizient und schnell überprüfen können – einer der wichtigsten Schritte bei der Neuvermietung. Die allerwichtigste Regel sei hier vorweg geschickt: Geben Sie nie den Schlüssel ab, bevor der Mieter nicht den Mietvertrag unterschrieben, die Kaution und die erste Miete gezahlt hat.

Kapitel 3 beschreibt den Absprung in letzter Sekunde: Wie fechten Sie den bereits geschlossenen Mietvertrag an?

In **Kapitel 4** geht es um die Strategien, wenn bereits Mietrückstände aufgelaufen sind. Oft kann das Mietverhältnis noch gerettet werden, etwa durch Hilfen für Mieter. Hier steht wie.

Kapitel 5 behandelt den Notausstieg von der fristlosen Kündigung bis zur Zwangsräumung. Welche Möglichkeiten gibt es, sogar in scheinbar aussichtslosen Fällen noch einen Teil der Miete zu bekommen? Und warum kann es sehr sinnvoll sein – Sie lesen richtig – Mietnomaden Geld in die Hand zu drücken, damit sie ausziehen? Schließlich gibt es brauchbare Tipps, wie Vermieter aus dem langwierigen Zwangsräumungsverfahren das Beste herausholen

Formulare und **Musterbriefe** ergänzen den Ratgeber an den entsprechenden Stellen im Buch. Die aktuellen Dokumente können auch auf unserer Website unter www.verlag-hausundgrund.de/mietnomaden runtergeladen werden.

Ein **Adressteil** am Schluss verweist auf wichtige Organisationen.

Mit dem alphabetischen **Stichwortregister** am Schluss lassen sich behandelte Themen schnell auffinden.

---

1 Aus Gründen der Lesbarkeit wird durchgängig die männliche Form verwandt. Damit sind grundsätzlich auch Frauen eingeschlossen.

Gratis mieten – Anmerkungen zu Mietnomaden

Fast wöchentlich stehen Leute vor mir, die ihre Schulden beim Mobilfunkanbieter zahlen wollen, damit sie aus dem Schuldnerverzeichnis gestrichen werden, weil sie sonst keinen neuen Handyvertrag bekommen. Aber ich habe noch niemals einen Schuldner getroffen, der seine Mietschulden aus dem Schuldnerverzeichnis tilgen lassen wollte.
Herbert Langenberg, Obergerichtsvollzieher

Deutschland, ein Schlaraffenland? Hier ist es möglich, dass

- Mieter zwei Jahre in einer Wohnung leben können, ohne einen einzigen Euro Miete zu zahlen,
- ihnen der Vermieter den Umzug einschließlich Möbelpackern in die nächste Bleibe finanziert,
- sie dort wieder gratis oder mit minimalem finanziellen Einsatz zur Miete wohnen,
- der neue Vermieter sie im günstigsten Fall nach vier oder sechs Monaten, meist aber nach viel längerer Zeit, wieder los wird,
- die Bewohner, wenn sie endlich draußen sind, Müll, Fäkalien, Chaos und Verwüstung hinterlassen,
- die Bewohner Heizkörper aus der Wand reißen und sämtliche Wasserhähne aufdrehen,
- sie damit schlimmstenfalls nicht nur eine Mietwohnung, sondern ein ganzes Haus unbewohnbar machen,
- Mieter ihre Vermieter darüber hinaus mit Strafanzeigen überziehen, während die Strafanzeigen von Vermietern unbearbeitet liegen bleiben.

Für die Menschen, die das in Serie treiben, hat sich der Begriff „Mietnomaden" eingebürgert. Der Vergleich mit den Hirtenvölkern, die weiterziehen, sobald die Weiden abgegrast sind, ist weit hergeholt, aber es ist etwas Wahres dran. Neben „Miettouristen", „Miethoppern" und „Mietprellern" kursiert auch noch das Wort „Mietbetrüger". Diese Bezeichnung trifft es wohl am besten, denn in vielen Fällen wissen die neuen Mieter schon bei der Unterschrift unter den Mietvertrag, dass sie die Miete nicht zahlen können oder wollen. Das nennt sich Eingehungs- oder auch Einmietbetrug. Weil aber der Vorsatz schwer nachzuweisen ist, werden solche Strafverfahren fast immer eingestellt.

Mietbetrüger haben es vor allem auf eher unerfahrene Klein- und Kleinstvermieter abgesehen, die größte Vermietergruppe überhaupt. Von den 38,69 Millionen Wohneinheiten (2003) sind 35,6 Prozent in ihrer Hand. Oft vermieten sie nicht mehr als das ererbte Häuschen der Eltern oder eine Einliegerwohnung, schon seltener ein Mehrfamilienhaus. Wenn die Mieten ausbleiben, stimmt die Kasse nicht mehr. Sofern die fest einkalkulierten Mieten der Rentenaufbesserung dienen, müssen viele Ruheständler ihr Erspartes antasten – wenn sie überhaupt über ein Polster verfügen. In manchen Fällen dient die Miete sogar dazu, den Pflegeplatz eines Angehörigen im Altenheim zu finanzieren, denn Wohnungs- oder Hauseigentümer sind beileibe nicht immer gut betucht. Dann gerät die Konstruktion schnell ins Wanken, und sie sehen sich gezwungen, einen Kredit aufzunehmen. Schon die Kredithöhe festzulegen ist allerdings schwierig, weil ja keiner weiß, wie lange sich Schulden auftürmen werden. Ähnlich bei noch laufenden Kreditverpflichtungen: Die Bank bucht ungerührt weiter ab. Nicht selten muss dann nachfinanziert werden. Die Eigentümer-Schutzgemeinschaft Haus & Grund schätzt die jährlichen Mietausfälle auf 2 Milliarden Euro, bei steigender Tendenz.

Das Vermieten ist in den vergangenen Jahren schwieriger geworden. 3,2 Millionen Wohnungen, das sind acht Prozent des Bestandes, stehen leer, wie das Münchener Institut für Wirtschaftsforschung ermittelt hat. In Ostdeutschland, aber auch in manchen Gegenden Westdeutschlands, ist die Lage dramatisch. Dort ist jede siebte Wohnung unbewohnt. Unter diesen Umständen sind Eigentümer froh, wenn sich überhaupt Interessenten melden. Sie nehmen deren wirtschaftliche Verhältnisse dann in vielen Fällen nicht näher unter die Lupe. Wer gewandt auftritt und sich gut verkaufen kann, hat schon gewonnen. Ein folgenschwerer Fehler. Wie man ihn vermeidet, steht in diesem Buch.

Ein Mietverhältnis ist ein Vertrauensverhältnis, und in den allermeisten Fällen funktioniert dieses Vertrauensverhältnis einwandfrei. Allerdings gelten mittlerweile sieben bis neun Prozent der Mieter als Mietnomaden.

Seit 1994 ist die Zahl der überschuldeten Haushalte von 2 auf 3,13 Millionen (2002) gestiegen, wie es im letzten Armutsbericht der Bundesregierung heißt. Mehr als drei Millionen Haushalte können also aus ihrem Einkommen – nach Abzug der Lebenshaltungskosten – ihre Schulden nicht mehr zahlen, fünf Millionen Haushalte sind an der Grenze zur Überschuldung. Die Gründe dafür sind – für die neuen Bundesländer – in dieser Reihenfolge: Arbeitslosigkeit, zu niedriges Einkommen und überhöhter Konsum; für das frühere Bundesgebiet liegen die beiden wichtigsten Gründe –

Arbeitslosigkeit und Trennung/Scheidung – gleichauf, an dritter Stelle liegt gleichfalls überhöhter Konsum. Über eine Million Menschen legte im vergangenen Jahr die Eidesstattliche Versicherung ab, früher Offenbarungseid genannt. Noch nie waren es mehr. Die Zahl der eingeleiteten Privatinsolvenzverfahren ist im vergangenen Jahr um 48,8 Prozent gestiegen. Da Miete und Nebenkosten der größte Haushaltsposten sind, ist es klar, dass auch Mietausfälle zunehmen. Über Räumungsklagen und Zwangsräumungen wird keine bundesweite Statistik geführt. Aber die immer neuen absoluten Höchststände, die zum Beispiel die Stadt Köln notiert, sprechen für sich: Die Zahl der Räumungsklagen stieg dort von 2002 bis 2004 von 2601 auf 2977, die der Zwangsräumungen von 1577 auf 2313 im jeweiligen Jahr.

Trauriger Trend: Zwangsmaßnahmen gegen Privatpersonen (Eidesstattliche Versicherungen, Haftanordnungen, Verbraucherinsolvenzen) *Quelle: Bürgel*

Es ist jedem Mieter zu raten, seinen Vermieter bei Zahlungsschwierigkeiten anzusprechen. Tut er es nicht, sollte der Vermieter das Gespräch suchen. Oftmals wird sich eine Lösung finden lassen. In vielen Fällen kann auch die Miete bezuschusst bzw. ganz übernommen werden.

Viele Vermieter haben die Erfahrung gemacht, dass in Not geratene Menschen oft das Gespräch suchen, Mietnomaden dagegen nicht. Um ihren Gläubigern und dem Gerichtsvollzieher zu entgehen, schrauben viele sogar die Namensschilder ab und knipsen Klingeldrähte durch. Bei ihnen handelt es sich oft – nicht immer – um Menschen, die die Miete in vielen Fällen zahlen könnten, aber andere Dinge für wichtiger halten: Eine neue Küche, das Auto, Urlaub – all das muss schon sein. In Ordnung, wenn dann noch Geld für die Miete übrig ist, Pech für den Vermieter, wenn das nicht der Fall ist. Wozu Miete zahlen, wenn es auch gratis geht? Vielen Menschen geht es schlicht darum, das Maximale für sich heraus zu holen, ohne Rücksicht auf Verluste: Mangelndes Unrechtsbewusstsein, ähnlich wie beim Musik- und Filmeklau übers Internet oder beim Kaufhausdiebstahl: „Vermieter, die haben doch ohnehin zu viel Geld! Warum denen das Geld noch in den Rachen schieben?"

Viele Menschen glauben, ein Anrecht darauf zu haben, vom Staat mit einer Wohnung versorgt zu werden. Ein Irrtum. Denn das Wohnen selbst ist kein Grundrecht. Zum Selbstverständnis des Sozialstaats gehört allerdings, dass er Menschen vor Obdachlosigkeit zu bewahren versucht. Die Gesetzgebung ist darum mieterfreundlich, und die Rechtsprechung ist es in vielen Fällen auch. Vermieter haben vor Gericht nicht selten einen schweren Stand. Vielleicht liegt es auch daran, dass junge Amtsrichter, die ihre Klagen verhandeln, nicht selten zur Miete wohnen ...

Dieser Praxis-Ratgeber behelligt Sie nur in wenigen Fällen mit Aktenzeichen oder Paragraphen. Sie bekommen Tipps für die Praxis. Der wichtigste: Wie holen Sie sich erst gar keinen „Feind" ins Haus. Wenn sich bereits Mietnomaden in ihrem Haus eingenistet haben, werden Sie ohne juristischen Beistand kaum auskommen. Aber auch für diesen Fall geben wir Ihnen Hinweise. Sagen Sie sie ruhig Ihrem Anwalt weiter.

1 Horror-Mieter: Die Tricks der Mietnomaden

1.1 Schöner Wohnen: Mietbetrug unter Kronleuchtern

Bis seine Horrormieter ausgezogen waren, brauchte Herbert Lerten[1] fast zwei Jahre. Aber nur zwei Wochen, nachdem sein Mieter ihn selbst mit einer frei erfundenen Anschuldigung angezeigt hatte, fand sich Lerten auf der Anklagebank wieder. Da behaupte mal einer, die Justiz sei langsam ...

Einen Tag vor dem festgesetzten Räumungstermin ist Herbert Lerten das ältere Paar endlich los, das einen Schaden von 20.000 Euro angerichtet hat und ihm die Miete für rund anderthalb Jahre schuldet. Lerten hätte allen Anlass, auf den neuen Vermieter des Paares neidisch zu sein, denn im Gegensatz zu ihm erhält der seine Miete bisher regelmäßig. Vielleicht hängt es damit zusammen, dass dem Mieter kürzlich die Restschuld im Privatinsolvenzverfahren erlassen worden ist. Nach sechs Jahren ohne Schulden ganz von vorn anfangen kann er natürlich nur bei „Wohlverhalten" – sprich, wenn er fortan die Miete pünktlich zahlt.

Das Privatinsolvenzverfahren ist kompliziert. Es führt zum Beispiel dazu, dass Lertens Zwangsvollstreckungs-, also Räumungsverfahren gegen den Mieter zunächst einmal unterbrochen wird: Dieser Zeitgewinn dank Justitias Hilfe hat mit dazu beigetragen, dass die betrügerischen Mieter geschlagene 22 Monate in der Doppelhaushälfte in der Nähe von Aachen wohnen bleiben konnten.

Schlechte Erfahrungen mit Insolvenzverwalter
Leider machen Insolvenzverwalter sich selten die Mühe, Gläubiger über ihre Rechte aufzuklären. Vor allem kleine Privatgläubiger sind dann trotz Rechtsbeistand schnell überfordert. Einer – der Insolvenzverwalter der Frau – kommt Lerten entgegen. Der Insolvenzverwalter des Mannes legt ihm dagegen lauter Steine in den Weg, worüber Wochen vergehen und Lerten eine Frist versäumt. Er hat nicht rechtzeitig gegen die Erteilung der Restschuldbefreiung des Mannes Einspruch eingelegt. Mit der Konsequenz, dass der frühere Mieter in sechs Jahren alle Schulden los ist, sofern er sich in dieser „Wohlverhaltensperiode" nichts zuschulden kommen lässt. Wenn er dies schafft, werden ihm 440.000 Euro Gesamtschulden erlassen. Die offenbar ausgeprägte kriminelle Energie, die seine Mieter – nicht nur bei Lertens – an den Tag gelegt haben, spielt dabei keine Rolle.

---

[1] Namen verändert

Dreiste Fälschungen

So haben seine Mieter mehrfach Quittungen gefälscht. Zum Beispiel quetschen sie zwischen den Text „Miete für Oktober 2003 erhalten" und die Unterschrift des Vermieters einfach den Text „Miete für November 2003 bis Februar 2004 erhalten". Bei seinen ausgeprägten Recherchen kommt Vermieter Lerten auch dahinter, dass drei verschiedene Sozialämter gegen seine ehemaligen Mieter wegen Sozialbetrugs ermitteln. Und er versteht, warum bei ihm zunächst nur die Mieterin, aber nicht ihr Lebensgefährte einzog. Der nämlich saß zu diesem Zeitpunkt noch ein, vermutlich wegen Versicherungsbetrugs.

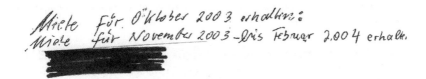

Dreiste Fälschung: zwischen Quittungstext und Unterschrift des Vermieters (unkenntlich gemacht) einfach noch eine Zeile hineingezwängt

Verdächtig: Eile beim Einzug

Es gibt ein Anzeichen, das oftmals auf Mietnomaden hinweist: Wenn es die potenziellen Mieter ganz eilig mit dem Einzug haben. Die Friseurin kurz vor dem Ruhestand erklärte dem Hauseigentümer Lerten, dass sie und ihr Lebensgefährte bei ihrem Sohn wohnten, der Wohneigentum hätte. Und weil sie sich nicht mit der neuen Lebensgefährtin vertrügen, bräuchten sie keine Kündigung einzuhalten. Das nächste Vermieterpaar bekommt, als sie das Pärchen durch die Lertensche Doppelhaushälfte führt, eine ganz ähnliche Geschichte aufgetischt: Das Haus gehöre dem Sohn, der jetzt Eigenbedarf angemeldet habe. Die Vermieter in spe sind beeindruckt von dem Breitwandfernseher, den edlen geschnitzten Eichenmöbeln und Kristalllüstern und davon, dass die Mieter auf Socken im Haus herumlaufen.

Erdichtete Strafanzeigen

Die Geschichte mit dem Eigenbedarf ist erfunden. Ähnlich verhält es sich mit einer Anzeige, die Vermieter Lerten ins Haus flattert: Er habe die Herrschaften mit einer Eisenstange bedroht, heißt es darin. Dabei hat Lerten seinen Mietern nur im Beisein von Zeugen einen Brief in den Kasten gesteckt, in dem er die Ausübung des Vermieterpfandrechts ankündigte. „Am nächsten Tag haben die mich wegen Bedrohung angezeigt. Ich hatte noch nie im Leben mit Gerichten zu tun. Wie ist es möglich, dass einer eine erdichtete Strafanzeige macht, und 14 Tage später ist man vor Gericht?" Gut, dass Herbert Lerten Zeugen dabei hatte, so dass schon nach der ersten Vernehmung die Sache aus der Welt ist. Über Anzeigen, die er selbst – unter anderem wegen Urkundenfälschung – gegen seine Mieter gestellt hat, hat er sieben Monate später noch nicht einmal eine Eingangsbestätigung erhalten.

Was Herbert Lerten erlebt hat, machen auch die nächsten Vermieter des Pärchens durch, als sie die fristlose Kündigung aussprechen. Sie zeigen den Vermieter an mit der Behauptung, er habe mit einer Eisenstange versucht, die Wohnungstür aufzuhebeln, und bieten drei Zeugen auf; die Mieterin selbst beeidet ihre Aussage unter Tränen. Allerdings können 30 Sänger bezeugen, dass der Vermieter und seine Frau zum angeblichen Zeitpunkt Kirchenchorprobe hatten. Mittlerweile wird gegen die Mieterin wegen Meineids ermittelt.

Die Friseurmeisterin machte auf das Ehepaar Lerten zunächst einen guten Eindruck: Sie trat äußerst sicher auf und erzählte, dass sie in wenigen Monaten 60 wird und und bald in Rente geht. So machte sie das Rennen – vor 15 anderen Interessenten. „Sie vermittelte einem das Gefühl von Seriosität. Bei Mietnomaden hatte ich eher an junge Leute gedacht, die einen Schweinestall hinterlassen."

Dreiste Fälschung

Die erste Miete geht um zehn Tage verspätet ein, eingezahlt angeblich von der Schwiegertochter. Als die Oktobermiete ebenfalls nach zehn Tagen noch nicht auf dem Konto ist, sprechen Lertens die Dame an. „Sie meinte, da habe ja wohl etwas mit der Bankverbindung noch nicht geklappt und gab uns das Geld in bar." Bei dieser Gelegenheit unterschreibt Lerten die Quittung, die später dreist gefälscht wird.

Kurze Zeit später zieht der Lebensgefährte der Dame ein, der auf Lertens wie auch auf die Nachbarn anfangs den allerbesten Eindruck machte, tatsächlich aber zur rapiden Verschlechterung des Verhältnisses beiträgt.

Sozialbetrug

Ein geschlagenes Jahr nach dem Einzug schließlich wird vor Gericht über die Räumungsklage verhandelt. Die Mieter legen die Quittung mit der Fälschung vor. Wäre die Quittung echt und nicht gefälscht, so gäbe es keinen Grund für die fristlose Kündigung. Der Richter vertagt die Verhandlung erst einmal; die Mieter haben Zeit gewonnen. Kurz darauf erhielten Lertens einen Anruf vom örtlichen Sozialamt. Ob es denn stimme, dass der Mieter eine Mietvorauszahlung geleistet hätte. Offenbar hat er diese oder eine andere gefälschte Quittung auch dort vorgezeigt.

Mittlerweile hat Vermieter Lerten einen Blick ins Schuldnerverzeichnis getan und weiß, dass beide zusammen einen Schuldenberg von 440.000 Euro angesammelt haben. Seine eigenen Forderungen von 20.000 Euro – unter anderem anderthalb Jahre ausstehende Mieten – kann er vergessen, da ist sich Lerten sicher: „Das können wir abschreiben. Wenn wir nicht auch noch Erspartes gehabt hätten, hätte uns das kaputt gemacht." Folgen hat der Mieterterror auf jeden Fall: Seitdem leidet Herbert Lerten an Bluthochdruck.

Lertens Haus selbst ist nach dem Auszug nicht verwüstet, aber der Garten ist kaum wieder zu erkennen: Die Mietnomaden haben alle Pflanzen und Sträucher, die Lertens liebevoll gepflanzt haben, herausgerissen und an ihrem neuen Domizil neu eingepflanzt. Ohne Absprache mit Lertens haben die Mieter ein Gartenhäuschen aufgestellt, unter dem der Rasen völlig abgestorben ist. Da, wo die Bewohner gegen den Wunsch des Vermieters einen riesigen Teich angelegt haben, ist nur noch eine unansehnliche, leer gelaufene Grube zu sehen.

Lerten findet den Fußboden des Schlafzimmers gefliest vor, obwohl er das ausdrücklich untersagt hat. Unerwünschte Umbauten nehmen sie auch bei ihren nächsten Vermietern vor, denen sie dafür Rechnungen stellen: zum Beispiel 44.000 Euro für Gartenarbeiten, die gar nicht vereinbart waren. Die Mieter haben bereits angekündigt, diese Wertverbesserung abwohnen zu wollen, sprich: Sie wollen den bereits festgesetzten Räumungstermin hinausschieben. Man könnte es fast verstehen, haben sie es sich doch mit Sinn für das Edle und Erhabene richtig schön gemacht: In ihrem Gartenteich ziehen die teuersten Fische der Welt ihre Runden: Koi-Karpfen.

1.2 Feind im Haus: Hochstapler belügt sogar eigene Frau

Drei Privatvermieter und zwei professionelle Hausverwaltungen hat ein Mietnomade in weniger als zwei Jahren aufs Kreuz gelegt. Mieten zahlt er fast nie, aber lässt sich schon mal eine neue Küche liefern. Bei zwei professionellen Bauträgern tritt er überdies als Hauskäufer auf. Er macht Bemusterungen, wählt Fliesen aus und lässt Whirlpool und Kamin einbauen.

Ein halbes Jahr ab Einzug dauert es, bis Vermieter Dieter Salasch[1] den Räumungstitel gegen seinen Mieter W. in der Hand hat. Fast wäre es vor Gericht noch schief gegangen, denn W. verspricht, innerhalb weniger Tage auszuziehen. „Dann brauche

---

1   Namen verändert

ich ja kein Urteil zu schreiben", meint der Richter erleichtert – allerdings bestehen Salasch und sein Rechtsanwalt darauf. Es wird vom Datum des Räumungsurteils an immer noch drei Monate dauern, bis die Räumung tatsächlich angesetzt ist; unter anderem kommt der Urlaub des Gerichtsvollziehers dazwischen. Das allerdings kann Mieter W. zu dem Zeitpunkt nicht wissen. Um nicht unvorbereitet mit seiner Frau und dem wenige Monate alten Baby auf der Straße zu landen, mietet W. eine Wohnung über eine Maklerin an. Letztlich bekommt er den Schlüssel nicht in die Hand, weil er weder Kaution noch Miete zahlt. Auch die erbetene Schufa-Auskunft bringt er nicht bei. Daraus könnte die Maklerin ersehen, dass W. gerade erst die Eidesstattliche Versicherung abgegeben hat. Aber Mieter W. entfaltet in den letzten drei Monaten, in denen er gratis in Dieter Salaschs Wohnung lebt, noch andere Aktivitäten.

Luftschlösser

W. entscheidet sich nämlich, höher zu pokern. Er tritt an zwei verschiedene Bauträger heran, um ein Haus zu kaufen. Mit ihrem freundlichen und gewandten Auftreten zerstreuen der junge Computerfachmann W. und seine Frau jeden Zweifel an ihrer Zuverlässigkeit. W. sucht nicht nur Fliesen aus und legt fest, wo die Steckdosen hinkommen sollen. Damit die junge Familie es schön hat, lässt er in eines der beiden Häuser sogar einen Whirlpool und einen Kamin einbauen. Bei dem anderen, größeren Objekt für 340.000 Euro hat der Notar schon den Kaufvertrag komplett vorgelesen, doch der von W. wortreich angekündigte Finanzberater, der die Finanzierung plausibel machen soll, erscheint nicht in der Notarverhandlung. Erst da baut die Bauträgerin einen Notausstieg ein, indem sie den Notarvertrag um einen Rücktrittsvorbehalt ergänzt. W.'s Rechnung ist nicht aufgegangen.

Allerdings sind der Firmeninhaberin Susanne Schmick 20.000 Euro Schaden entstanden, da das fertige Haus erneut beworben werden muss und Interessenten nunmehr misstrauisch nachfragen, warum es überhaupt leer stehe. Insgesamt kann das Haus erst mit einem Jahr Verzug verkauft werden. „Bei mir überwog der positive Eindruck, trotz einiger Ungereimtheiten, die mir aber eigentlich erst rückwirkend klar geworden sind", meint Susanne Schmick. „Zum Beispiel konnte der Notarvertrag nicht zugestellt werden. W. hat dann den Vertragsentwurf bei mir eingesehen. Mir sagte er, sie seien erst vor kurzem eingezogen und hätten noch kein Namensschild angebracht."

Namensschild abmontiert

Dass am 130 Quadratmeter großen Reiheneckhaus in Monheim kein Namensschild zu finden ist, stimmt. Mieter W. hat es selbst entfernt, schon bald nach seinem Einzug. Er will offensichtlich Ruhe vor lästigen Gläubigern wie seinem Vermieter Dieter Salasch haben. Auch einen Festnetzanschluss hat sein Mieter nicht, und sein teures Handy ist angeblich in Reparatur: „Es war ein teures Handy, Sie werden verstehen, dass ich das reparieren lasse", erklärte ihm sein Mieter. Um Mietrückstände anzumahnen, bleibt Salasch nichts anderes übrig, als seinen Mieter zu Hause aufzusuchen. Da der schon nach einigen Wochen den Klingeldraht durchknipst, bleibt Salasch nur noch die Möglichkeit, mit der Briefkastenklappe zu scheppern.

Vermieter Salasch hat von allen gelungenen und gescheiterten Kontaktaufnahmen mit seinem Mieter einen kleinen Vermerk gemacht: über jeden Anruf, jedes Treffen, jeden Termin, den sein Mieter platzen lässt. So ist ein stattlicher Zettelberg entstanden. Die Ausbeute dieser Bemühungen ist eher gering, denn von neun Monaten Gesamtzeit hat Mieter W. exakt für einen Monat und zehn Tage die Miete gezahlt: Salasch hat weder die Kaution erhalten noch den Abschlag für das Heizöl, mit dem es sich Mieter W. warm und kuschelig gemacht hat.

Sagenhafte Ausreden

„Die Ausreden, die er hatte, waren sagenhaft", resümiert Dieter Salasch. Am 11.12., zwei Wochen nach dem Einzug in Salaschs Wohnung, heißt es zum Beispiel auf einem von Salaschs Zetteln: „W. legt ein Fax vor, wonach er 24.000 Euro von der Versicherung für ein gestohlenes Auto bekommen soll." Ein anderes Mal, so geht aus Salaschs Zetteln hervor, zeigt W. ihm drei Überweisungs-Durchschläge und behauptet treuherzig, die Mieten überwiesen zu haben. Geld geht allerdings nicht ein. Trotzdem meldet sich Mieter W. hin und wieder telefonisch, um neue Verabredungen zur Mietzahlung zu treffen und diese dann regelmäßig mit den unterschiedlichsten Begründungen wieder abzusagen: In Berlin ist ihm ein Lkw draufgebrummt. Der erforderliche Werkstattaufenthalt muss mehrfach herhalten, wenn es darum geht, Verabredungen zu verschieben. Zurück aus der Hauptstadt muss Mieter W. angeblich mit kaputtem Meniskus ins Krankenhaus. Aber: „Will Geld überweisen", notiert Salasch hoffnungsvoll. Ein anderes Mal hat ihn angeblich ein Fingerbruch beim Fußball für drei Wochen außer Gefecht gesetzt. Mieter W. präsentiert den linken Arm eindrucksvoll in einer Gipsschiene, als er bei seinem Vermieter klingelt. Aber W.'s Frau meint nur wenige Tage später zum Vermieter: Am Wochenende sei ihr Mann aber verhindert, weil er dann Fußball spielen müsse...

Salaschs bekommen zunehmend den Eindruck, dass die junge Frau W. nicht weiß, was gespielt wird. Wenn Salasch die beiden zufällig zusammen auf der Straße antrifft und auf die Rückstände anspricht, fällt sie aus allen Wolken. Und als Salasch eines Tages beide zusammen auf den Auszug anspricht, den ihm Mieter W. hoch und heilig versprochen hat, weiß seine Frau nichts davon: „Du hast doch das Geld überwiesen?" In der Gerichtsverhandlung wegen der Räumungsklage fehlt W.'s Frau; eine Vollmacht von ihr kann er nicht vorzeigen. „Das hat den Richter aber nicht weiter gestört", meint Dieter Salasch frustriert.

Frau hatte keine Ahnung

Auch Bauträgerin Schmick hat den Eindruck, dass die Frau keine Ahnung hatte, was ihr Mann eigentlich im Schilde führte. Sechs Wochen nach der Notarverhandlung, in der W.'s angeblicher Finanzberater nicht auftauchte, erschien Frau W. mit der Frage, wann sie denn einziehen könnten: „Ich habe sie nur gefragt, ob sie zu Hause nicht einmal miteinander sprechen. Ich erklärte ihr, dass der Vertrag rückgängig gemacht worden sei. Da saß sie heulend vor mir und fragte mich, ob sie denn nicht vielleicht eine Wohnung für sie hätten; sie hätte ja noch ein bisschen Geld übrig. Ich hatte den Eindruck, dass sie wirklich verzweifelt war." Scheinbar gehört Bluffen für W. dazu, selbst gegenüber seiner eigenen Frau. Höchstwahrscheinlich hat er ihr erheblich mehr versprochen, als er halten kann.

Das jung verheiratete Paar stellte sich bei Vermieter Salasch Ende 2003 vor. Es war erst die zweite Vermietung des von den Eltern geerbten, 130 Quadratmeter großen Reihenhauses. Auf das Vermietungsinserat meldeten sich Sozialhilfeempfänger, Geschiedene und Leute, die bei der Frage nach dem Einkommen zu stottern anfingen. Salasch sind diese Kandidaten zu unsicher; und die Bewerber mit Haustieren kommen für ihn ohnehin nicht in Frage

Die Familie W., frisch verheiratet und gepflegt, verkauft sich besser. Das junge Paar fährt in einem 5er-BMW vor, nicht aus der neuesten Serie, aber auch nicht älter als schätzungsweise drei Jahre. Später wird Salasch erfahren, dass W. im Wagen seines Vaters vorgefahren ist. W. erzählt Salasch, er handele mit Elektronikartikeln. Sein angeblicher früherer Arbeitgeber ist eine bekannte Firma, was Salasch trügerische Sicherheit vermittelt. Dass dem Mann dort aber schon fristlos gekündigt wurde, weil er angeblich Firmenware auf eigene Rechnung verkauft haben soll, weiß er natürlich nicht. Deutlich zu sehen ist allerdings, das die Frau des Interessenten in einigen Monaten ein Kind erwartet, was das Vermieterehepaar ebenfalls milde stimmt. Sie ist, wie sich herausstellt, die Nichte einer Bekannten von Salasch. Das gibt dann den Ausschlag. Auch ein Besuch in der bisherigen Wohnung von W. ergibt keine Auffälligkeiten, abgesehen davon, dass W. seinen nächsten Vermieter schon vor der Tür empfängt mit der Nachricht, dass die Klingel kaputt sei... Formalien sind nun für Salasch nicht mehr so wichtig. Einen Bewerberbogen hatte er sowieso nicht vorbereitet. Das erbetene Führungszeugnis bekommt Salasch nie zu sehen, ebenso wenig eine Schufa-Selbstauskunft (siehe Kapitel 2.2.7; Schwarz auf weiß? Was Bescheinigungen taugen; S. 52). „Er hat mich übertölpelt mit dem Kontoauszug, den er mir zeigte!" Das komfortable Guthaben von 3000 oder 4000 Euro lässt bei Salasch alle Zweifel schwinden: „Er sagte, das sei sein Privatkonto, von dem er dann die Miete zahlen würde."

Renovierung nach dem Einzug

Nachdem der Mietvertrag gemacht ist, machen die neuen Mieter ganz erheblich Druck und wollen schon vor dem Beginn des offiziellen Mietverhältnisses einziehen. Erst das macht Salasch etwas stutzig, aber es ist zu spät. Sein Mieter hat den Schlüssel schon. Nachdem die neuen Mieter schon eingezogen sind, wird auf die Schnelle renoviert. Insgesamt hat Dieter Salasch für eine Mietdauer von neun Monaten die Miete für exakt einen Monat und zehn Tage erhalten. Der Mietausfall beträgt mehr als 8000 Euro. Zwar ist die Wohnung nicht verwüstet, aber immerhin ist eine bleiverglaste Tür eingetreten, und die Renovierung, die Salasch selbst durchführt, erfordert erheblichen Aufwand. Beim Renovieren auf die Schnelle nach dem Einzug hatte der Mieter offenbar nichts abgedeckt und die Fensterbänke aus Palisander einfach überstrichen. An die Rechtsanwaltskosten denkt Salasch ungern, weil er nicht noch mehr graue Haare bekommen will. Der Schaden beträgt insgesamt rund 10.000 Euro.

Um auch strafrechtlich gegen seinen Mieter vorzugehen, hat Dieter Salasch den Flurschaden, den sein Mieter im Raum zwischen Düsseldorf und Köln angerichtet hat, mit detektivischem Ehrgeiz inzwischen genau ermittelt. W.'s frühere Vermieter waren auf drei Mieten sitzen geblieben. Salaschs Nachfolger erhalten für ein halbes Jahr Mietdauer eine einzige Monatsmiete und keine Kaution gezahlt. Kurz vor dem Räumungstermin verschwindet W. samt Schlüsseln.

Professionelle Verwalterin reingelegt

Die Hausverwalterin, die danach an W. vermietet, ist zwar skeptisch, aber lässt sich von den guten Umgangsformen von W., der meistens im Anzug auftritt, und seiner hochschwangeren Frau blenden. W. hat auch eine Gehaltsbescheinigung eines Arbeitgebers dabei. Immerhin ruft die Hausverwalterin dort an und lässt sich bestätigen, dass W. dort beschäftigt ist. Sie zweifelt zwar, aber es leuchtet ihr ein, dass das Paar noch vor der Entbindung das Kinderzimmer herrichten will und vor allem die Nähe zu den benachbarten Familien mit Kindern schätzt. Immerhin besteht die Verwalterin darauf, zunächst die Kaution zu bekommen. Auf den Geldeingang zu warten, dauert angesichts der gebotenen Eile viel zu lange. Also lässt die Verwalterin sich einen abgestempelten Überweisungsträger und einen Kontoauszug zum Vergleich der Kontonummern vorlegen.

So kommt W. zwar in den Besitz der Schlüssel, aber die Verwalterin nicht an ihr Geld. W., den sie immer wieder anruft, hat dafür ständig neue Erklärungen parat. Nachdem auch die zweite Monatsmiete ausbleibt, lässt die Verwalterin ihren Rechtsanwalt die fristlose Kündigung schreiben. Als diese zugestellt ist, meldet sich eine völlig verzweifelte Frau W. bei der Verwalterin. „Sie sagte, sie könne das nicht verstehen, er habe doch das Geld vorbeibringen wollen! Frau W. wollte unbedingt in der Wohnung bleiben. Ich habe ihr geraten, dann umgehend zu handeln." Inzwischen ist die Familie W. zwar immer noch nicht aus der Wohnung. Allerdings hat sie sich eine nagelneue Küche liefern lassen.

Vermieter, Makler und Hausverwalter, Hausverkäufer, ein Möbelhaus, ein Heizöllieferant: Dieter Salasch hat mindestens zehn Geschädigte ermittelt, die von W. reingelegt worden sind. Auch die Polizei ist mittlerweile tätig geworden, allerdings anders, als Salasch sich das gedacht hätte. Mieter W. hat ihn angezeigt, weil Salasch angeblich Sachen zurückbehalten habe. Wie das funktionieren soll, da W. ja durch seinen Auszug in eigener Regie der Zwangsräumung zuvorgekommen ist, leuchtet Salasch nicht ganz ein. Auch ein anderer Vermieter bekam von W. eine Anzeige an den Hals. Der allerdings ist schlau, ruft W.'s Anwalt an und rät ihm: „Sehen Sie zu, dass Sie von dem Ihr Honorar bekommen." Der Anwalt macht sich darauf über seinen Mandanten kundig und legt umgehend das Mandat nieder. Kürzlich bekam Dieter Salasch einen Anruf von der Polizei: Mieter W. hat ihn wegen Hausfriedensbruchs angezeigt, weil Dieter Salasch ihn in Begleitung eines Fernsehteams zur Rede stellen wollte. In diesem Zusammenhang hört Salasch auch etwas vom Verbleib seiner eigenen Strafanzeige gegen W. Sie liegt mittlerweile schon neun Monate bei der Polizei, aber nun soll sie mit denen der anderen Geschädigten gebündelt werden.

1.3 Rache, aber wofür? Müll, Graffiti, Überschwemmung

Vermieter Klaus Bleckmann aus Münster fragt sich bis heute, was in den jungen Mann gefahren ist, der seine Wohnung unter Wasser gesetzt und ein Chaos hinterlassen hat.

Alkohol und Drogen können Menschen in kürzester Zeit abstürzen lassen. Für den Münsteraner Vermieter Klaus Bleckmann der einzig plausible Grund dafür, was in einer seiner Wohnungen passiert ist. Bleckmann verwaltet seinen großen Wohnungsbestand selbst. Der junge Handwerker, der sich für die Wohnung interessierte, machte zunächst einen durchaus vernünftigen und seriösen Eindruck. „Er nannte den Namen seiner Firma, und ich rief dort an. Dort bestätigte man mir, dass er schon seit drei oder vier Jahren bei dem Dachdeckerbetrieb beschäftigt war und durchaus rechtschaffen sei." Bleckmann reichte diese Aussage als Sicherheit aus. Der Wohnungsbewerber brauchte darum auch keinen Bewerberbogen auszufüllen. Im Prinzip ist ein Handwerker für jeden Vermieter auch eine gute Wahl, denn der ruft ihn ja nicht gleich wegen jeder Kleinigkeit an.

Ein paar Monate ging alles glatt, die Mieten gingen regelmäßig ein. Dann allerdings stellte der Mieter die Zahlung ohne Angabe von Gründen von einem auf den anderen Monat ein. Vermieter Bleckmann kündigt seinem Mieter fristlos. Der meldet sich schließlich telefonisch und verspricht auszuziehen und die ausstehende Miete zu zahlen. Beide vereinbaren einen Übergabetermin.

Als es soweit ist, macht dem Vermieter niemand auf. Aber irgend etwas tut sich in der Wohnung, denn von drinnen sind eigenartige Geräusche zu hören. Bleckmann verschafft sich mit Hilfe eines Nachschlüssels Zutritt zur Wohnung. Was er dann sieht, verschlägt selbst dem seit 30 Jahren im Vermietungsgeschäft tätigen Eigentümer von 400 Einheiten einigermaßen die Sprache.

Mehrere Heizkörper sind aus der Verankerung gerissen. Vor seinem Verschwinden hat der Mieter sämtliche Wasserkräne aus der Wand gerissen und voll aufgedreht. Die Wassermassen bahnen sich einen Weg durch die Decke und überschwemmen auch die darunter liegende Etage. Der Zustand der verlassenen Wohnung spottet jeder Beschreibung: Dreck, Müll und Verwüstung, wohin das Auge blickt. Sämtliche Wände sind außerdem mit zum Teil obszönen Graffiti übersät. „Schlampe" ist einer der harmloseren Ausdrücke, die dort zu lesen sind. Bleckmanns Mieter ist über Handy nicht mehr zu erreichen. Er hat ihn nie mehr gesehen oder gesprochen.
Bis heute weiß Klaus Bleckmann nicht genau, was in seinen Mieter gefahren ist.

„Irgendwann war er dem Alkohol erlegen. Ich habe allerdings die Vermutung, dass auch andere Drogen eine Rolle spielen. Ich habe irgendwann einmal die Polizei gerufen, und dort sagte man mir, es läge da noch mehr im Argen."

1.4 Abgeblitzt: Justiz enttäuscht Vermieter

Mitten im Grünen, Blick aufs Tal. Helmut Rentrops drei Mietwohnungen liegen malerischer als das Reihenhäuschen in der Nähe von Köln, das er der frühere Programmierer selbst bewohnt. Die Lust am Vermieten ist ihm allerdings gründlich vergangen. Auch sein Glaube den Rechtsstaat ist erschüttert, seit eine Mietnomadin ein halbes Jahr in seiner Wohnung gelebt hat.

„Sie machte einen ganz guten Eindruck. Sie sagte mir, sie sei Taxifahrerin. Was anscheinend auch stimmt, denn auch andere Leute bestätigten mir, dass sie ab und zu Taxi fährt." Auch ein Besuch in ihrer Wohnung erbrachte nicht den geringsten Anlass zum Misstrauen. „Sie sagte mir, sie hätte einschließlich Zahlungen von ihrem ehemaligen Mann ein Monatseinkommen von 1800 Euro. Was ja eigentlich eine ganze Menge Geld ist. Leider habe ich ihre ganzen Angaben nicht überprüft."

Rentrop ist nicht überkritisch, da es mit der Vermietung immer schlechter läuft. Angefangen hat er mit dem ererbten Häuschen seiner Eltern, für das eine Verwendung gefunden werden musste. Rentrop baute dann auf einem Grundstück, das ebenfalls seinen Eltern gehört hatte. Im Laufe der Jahre wurde es immer schwieriger, Mieter für seine Wohnungen im Bergischen Land zu finden. „Eigentlich bin ich bei jeder Neuvermietung ein Stück mit der Miete herunter gegangen, um die Wohnungen überhaupt noch vermieten zu können. Insgesamt liegt die Miete heute 20 bis 25 Prozent niedriger als noch vor einigen Jahren." Ein Problem, das Vermieter in vielen Regionen Sorgen bereitet.

Die neue Mieterin, die mit ihrer Tochter einziehen will, fragt, ob er noch etwas auf die Mietkaution warten könne, bis sie die Kaution ihrer bisherigen Wohnung zurückbekommen habe. Helmut Rentrop hat dafür das vollste Verständnis und lässt sie schon einmal einziehen. Allerdings: Solange er auch wartet, es kommt keine Mietkaution, und es geht auch keine Miete ein.

Er mahnt seine Mieterin an. Als auch die zweite Monatsmiete nicht ausbleibt, mahnt er per Einwurf-Einschreiben und schiebt zehn Tage später eine dritte Mahnung unter der Wohnungstür hindurch – einen Bekannten zieht er zur Sicherheit hinzu, um das beweisen zu können. Helmut Rentrop stellt auch einen Antrag auf Erlass eines

Mahnbescheids und schiebt seiner Mieterin die fristlose Kündigung unter der Wohnungstür hindurch.

50.000 Euro Schulden

Der 62-jährige hat inzwischen von dem Schuldnerverzeichnis gehört, das jedes Amtsgericht führt. Er geht zum zuständigen Amtsgericht und stellt fest, dass sie Anfang 2002 den Offenbarungseid geleistet hat. Das ist schon der dritte. Insgesamt schlägt sich seine Mieterin mit 50.000 Euro Schulden durch. „In der Selbstauskunft hat sie noch unterschrieben, dass in den letzten fünf Jahren keine eidesstattliche Versicherung gewesen wäre. Das war also glatt gelogen. Sie hat einen Mietvertrag unterschrieben und wusste schon in dem Augenblick, dass sie nicht bezahlen würde."

Der Rentner macht den früheren Vermieter seiner Mieterin ausfindig. Und tatsächlich: Auch er ist auf Mietrückständen sitzen geblieben. Eine Kaution, auf deren Rückzahlung sie ja angeblich wartete, hat sie ihm nie gezahlt. „Das heißt: Diese Frau legt es nur darauf an und wird auch in die nächste Mietwohnung mit dem Vorsatz einziehen, nicht bezahlen zu wollen." Für Rentrop ist das nichts anderes als Betrug. Und wegen Betrugs zeigt er seine Mieterin an – zehn Wochen, nachdem sie ihre Unterschrift unter den Mietvertrag gesetzt hat. Mittlerweile geht sie nicht mehr ans Handy, obwohl er fast täglich anruft. Helmut Rentrop, der als Rentner viel Zeit hat, lässt keine unnütze Zeit verstreichen. Der frühere Programmierer stellt Antrag auf Räumungsklage beim Amtsgericht.

Nichts zu pfänden

Anfang November bekommt er auch einen Mahnbescheid und geht damit zum Gerichtsvollzieher, verzichtet allerdings darauf, ihn in Aktion treten zu lassen, da er sich nicht besonders kooperativ zeigt. „Das erste, was er mir sagte, war: Mieter haben ja auch Rechte. Ich habe ihn darauf gefragt, ob selbstständig oder Beamter ist. ‚Beamter', sagte er. Da bekam ich den Eindruck, dass es nicht sehr viel Sinn hat, ihn meinem Geld hinterherzuschicken." Rentrop weiß außerdem, dass die Frau eine minderjährige Tochter hat. Er sagt sich, er könne ja noch immer pfänden lassen, sobald die Tochter aus dem Hause ist. Wer ein unterhaltspflichtiges Kind hat, bei dem darf längst nicht so viel gepfändet werden als bei einem Ledigen.

Es ist nicht so, dass gar kein Geld da ist: Denn Rentrop erkundigt sich beim Gaswerk an und fragt nach, ob seine Mieterin dort die Rechnung zahlt. Das wird zwar verneint, und kurz darauf wird ihr offenbar auch das Gas abgedreht. Sehr schnell allerdings strömt das Gas wieder, da sie offenbar in der Zwischenzeit gezahlt hat.

Strafverfahren gleich wieder eingestellt

Nur fünf Wochen nach seiner Strafanzeige bekommt der Vermieter einen Brief der Staatsanwaltschaft. Mit dem Hinweis, dass das Verfahren schon wieder eingestellt worden ist – kaum dass es angelaufen ist. Die Begründung der Staatsanwaltschaft: Die Mieterin ist schon anderweitig rechtskräftig verurteilt, und die zu erwartende Strafe wegen Mietbetrugs falle dagegen nicht ins Gewicht.

Zu diesem Zeitpunkt sitzt Helmut Rentrop bereits auf gut 2000 Euro Mietrückständen. Was schwerer wiegt: Sein Grundvertrauen in die Rechtschaffenheit von Menschen und auch in das Funktionieren des Rechtsstaates ist angekratzt: „Wenn die Leute einen guten Eindruck gemacht haben, hatte ich bisher immer Vertrauen, und dann habe ich auch an sie vermietet. Was in Zukunft nicht mehr der Fall sein wird."

Bei der Staatsanwaltschaft beantragt er, das Verfahren wieder aufzunehmen. An die Staatsanwaltschaft schreibt er: „Eine Einstellung des Verfahrens wird sie nur darin bestärken, dass sie unbehelligt von der Justiz weiter die Mitbürger betrügen kann."

Tatsächlich wird das Verfahren wieder aufgenommen. Und als würde sie den erhöhten Druck spüren, schreibt seine Mieterin Helmut Rentrop einen Brief, in dem sie sich dafür entschuldigt, dass sie es so weit hat kommen lassen. Sie will die Wohnung besenrein zu Anfang Februar verlassen und sichert ihm Ratenzahlung zu.

Dass die Mieterin im März, kurz vor dem festgesetzten Räumungstermin mit Hilfe von Freunden selbst auszieht, erreicht Rentrop mit einem Trick: Er bietet ihr an, ihre Möbel vorübergehend in der Garage abzustellen. Da der Gerichtsvollzieher nicht mehr anrücken musste, erhält Rentrop den größten Teil des Räumungskostenvorschusses zurück. Er ist erleichtert, dass die Wohnung in befriedigendem Zustand ist. Die Möbel werden einige Zeit später abgeholt. Zurück bleibt viel Gerümpel, das Rentrop selbst entsorgt. Insgesamt haben sich 4790 Euro Schulden aufgetürmt; der 62-jährige hat einen Kredit aufgenommen, um den Mietausfall abzufedern. Ob er dieses Geld jemals sieht, ist fraglich, obwohl Rentrop einen Mahnbescheid in der Hand hat. Seine Mieterin hat angekündigt, Privatinsolvenz anzumelden und wird möglicherweise nach sechs Jahren von allen Restschulden befreit. Mittlerweile weiß Rentrop auch, dass sie bis auf weiteres nicht nur einem, sondern sogar zwei Kindern Unterhalt zahlen muss. Helmut Rentrop bereut heute, überhaupt mit der Vermietung begonnen zu haben: „Ich kann nur jedem abraten zu vermieten; nächstes Mal würde ich mein Geld lieber zur Bank bringen."

1.5 Gut geblufft:
45.000 Euro Schaden durch Herrn Biedermann

Als Sozialarbeiter hat Josef Greyn täglich mit Beziehern von Arbeitslosengeld 2 und Sozialhilfe zu tun. Die wären ihm im Nachhinein als Mieter entschieden lieber gewesen als der Handwerksmeister und Bürgervereinsvorsitzende mit CDU-Parteibuch, der sich um seine 80-Quadratmeter-Maisonettewohnung mit Dachterrasse bewarb.

„Er machte einen ganz guten Eindruck", erinnert sich Josef Greyn. „Mir gefiel, dass er Handwerksmeister war. Einer, der nicht sofort den Vermieter anruft, wenn der Wasserhahn mal tropft." Der Mietinteressent, ein allein erziehender Vater, weiß sich gut zu verkaufen. „Er erzählte, dass er in einem anderen Stadtteil Vorsitzender des Bürgervereins ist." Eindruck macht auch die Behauptung, er sei Mitglied der CDU. „Da erwartet man doch eigentlich eine ganz solide Lebensführung." Selbstauskunft oder Schufa-Auskunft – all das brauchte der eloquente Mietinteressent, der mit seinem 16-jährigen Sohn einziehen will, nicht beizubringen. Allerdings fährt Greyn einmal bei der Firma für Anlagenbau vorbei, deren Chef sein Mieter nach eigenen Angaben war. Dass für die Firmenräume wohl Mietschulden aufgelaufen waren, das war von außen nicht zu sehen...

Anfangs zahlt der neue Mieter schleppend, so dass Josef Greyn sich mehrmals veranlasst sieht, ihn auf die Mietzahlung anzusprechen. Die Miete für die ebenfalls angemietete Garage kam gar nicht. „Wir haben ihm dann angeboten, die bisherige Garagenmiete abzugelten, indem er die Satellitenanlage technisch aufwertet. Der Mieter ging auf das Angebot ein, zahlte allerdings auch danach keine Garagenmiete mehr.

Leere Drohung mit dem Anwalt
„Wir haben ihn immer wieder angesprochen. Aber er hat jeden Kontakt gemieden; er versuchte abzulenken. Oder er sagte, die Miete wäre schon überwiesen, oder sie würde in den nächsten Tagen überwiesen." Ein anderes Mal erklärt ihm der Mieter seiner Maisonette, es habe bei der Bank einen Zahlendreher gegeben. „Das kann man ja erst einmal gar nicht widerlegen", meint Josef Greyn. Er hat immer größere Schwierigkeiten, den Mann überhaupt ans Telefon, geschweige denn zu Gesicht zu bekommen: Er verlässt das Haus morgens früh, kommt abends um elf zurück. „Er war einfach nicht zu erreichen, obwohl wir seine Handynummer hatten. Wir wurden immer mit einer lapidaren Antwort abgespeist." Oder mit einem dezenten Wink mit dem Anwalt: So erklärt sein Mieter einmal, sein Anwalt hätte Fragen wegen der Nebenkostenabrechnung und würde deswegen noch auf ihn zukommen. Der Vorwurf mit den Nebenkosten trifft

Josef Greyn, da er die Betriebskostenabrechnungen immer sehr akribisch macht. Ein Anwalt lässt sich nicht blicken. Allerdings werden auch Betriebskosten nicht mehr gezahlt. Ein halbes Jahr nach dem Einzug geht gar keine Miete mehr ein.

Zeit schinden
Der Mieter reagiert weder auf die fristlose Kündigung noch auf die Räumungsklage. „Zum Gerichtstermin erschien er gar nicht." Der Amtsrichter gab der Klage statt – in Abwesenheit des Beklagten. Dann aber kommt die Überraschung, denn sein Mieter geht gegen das verkündete Räumungsurteil in Berufung – ohne das zu begründen. Beim zweiten Gerichtstermin hätte er Gelegenheit zur Begründung, allerdings erscheint er wiederum nicht, woraufhin das vorherige Urteil bestätigt wird. Der Gerichtsvollzieher erhält 2500 Euro Vorschuss für die Räumung, braucht aber letztlich nicht in Aktion zu treten, denn Josef Greyn beobachtet, dass sein Mieter im Januar 2005 schon mit dem Umzug beginnt. Greyn fährt ihm hinterher und kann so feststellen, wohin die Reise geht.

Immer dieselbe Masche
Das neue Domizil des Mieters steht in einem bevorzugten Teil der Stadt am Niederrhein. Es gehört einem niedergelassenen Zahnarzt. Auch der Zahnarzt hat sich von dem gewandten Auftreten des Mieters blenden lassen. Ähnlich wie bei den Greyns fließen auch hier nur die Kaution und die erste Miete.
Josef Greyn findet heraus, dass sein Mieter im Oktober 2004 wegen Vermögenslosigkeit „die Finger gehoben" hat. Greyn, der Arbeitslose berät, kennt sich aus: „Die Eidesstattliche Versicherung leistet man, wenn man ein Einkommen unterhalb der Pfändungsfreigrenze hat. Das sind für einen Vater mit seinem Sohn 1360 Euro. Wenn er kurz darauf einen Mietvertrag für ein Haus mit 1100 Euro Kaltmiete unterschreibt, dann gibt es zwei Möglichkeiten: Entweder der Mann führt eine Art Parallelleben und hat irgendwo Geld gebunkert. Dann war die Eidesstattliche Versicherung ein Meineid. Oder er mietet einfach an und hat von vornherein gar nicht vor, die Miete nicht zahlen. Dann ist es Betrug."

Und wenn das so ist, dann dürfte es weitere Geschädigte geben. Josef Greyn recherchiert und kann eine Kette von insgesamt fünf geschädigten Vermietern bis zum Jahr 1998 zurückverfolgen. In allen Wohnungen hat der zahlungsunwillige Mieter angefangen zu renovieren, aber die Arbeiten nicht zu Ende geführt.
Das Strickmuster war auch ansonsten gleich: „Der Mann hat nur die Kaution und die erste Miete oder einige wenige Mieten gezahlt." Der Schaden bei Greyns: Knappe 10.000 Euro: Der Ausfall von einem Jahr Miete und mehreren Nebenkostenvoraus-

zahlungen. Das Ehepaar Greyn federt den Mietausfall über einen Baukredit ab, mit dem sie eigentlich einen kleinen Anbau finanzieren wollten. Ein anderer Hauseigentümer sitzt bis heute auf 24.000 Euro Mietrückständen.

Keine Strafe für Betrüger

Über die weiteren Auswirkungen spricht keiner: Zum Beispiel darüber, dass der Verwalter eines Hauses, in dem Greyns Mieter ebenfalls einen großen Schaden verursacht hat, dadurch die Hausverwaltung verloren hat; oder darüber, dass der Glaube an den Rechtsstaat langsam Risse bekommt. Zum Beispiel bei dem Vermieter, der auf 24.000 Euro Mietrückständen sitzen blieb. Er hatte seinen Mieter angezeigt. Aber das Verfahren wurde damals eingestellt, weil die Staatsanwaltschaft von einem einmaligen Fall ausging. Das Schlimme dabei ist für Josef Greyn die Hilflosigkeit: „Wenn ich mir etwas leihe und gebe es nicht zurück, bekomme ich Ärger mit dem Staatsanwalt. Wenn ich mir eine Wohnung ‚leihe‘ und gebe sie nicht zurück, dann passiert nichts." Dabei ist Josef Greyn davon überzeugt, dass gerade die Masche, die Kaution und die erste Miete zu zahlen, seinen klammen Mieter bisher vor dem Staatsanwalt bewahrt hat. „Es ist dasselbe wie beim Ratenkauf: Wenn Sie die ersten Raten zahlen, kann man Ihnen keinen Eingehungsbetrug vorwerfen, weil ja der Vorsatz nicht nachweisbar ist."

Was hilft: Die Angst vor der Blamage

Auch ein anderer Vermieter hat recherchiert und mit diesem Wissen die Mietverluste begrenzen können. Zusammen mit seinem Sohn sucht er ihn in seinen Geschäftsräumen auf. Beide sagen dem Bürgervereins-Vorsitzenden auf den Kopf zu, dass er in mehreren Fällen mit derselben Masche seine Vermieter um Zehntausende Euro geprellt hat. Er droht ihm an, ihn wegen Betrugs anzuzeigen und lässt ihn durch die Blume wissen, dass all das nicht gerade vorteilhaft für seine Stellung in dem Bürgerverein sei. Da zahlt der Mieter ihm auf einen Schlag drei Monatsmieten, und später im Zusammenhang mit dem Räumungsverfahren noch einmal. Vor Gericht versucht der Unternehmer alles, um die Räumung rückgängig zu machen.

Josef Greyn hat sich mit zwei anderen Vermietern zusammengetan, um seinen Mieter als Ketten-Mietbetrüger vor den Richter zu bringen. Den Anwalt, mit dem er Josef Greyn gedroht hat, den müsste der Mietbetrüger sich dann doch noch nehmen. Es wäre übrigens nicht die erste Verurteilung wegen Betrugs für den Mann, der von seinem Bürgervereins-Posten inzwischen „wegen Arbeitsbelastung" zurückgetreten ist.

2 Suchen und finden: Die richtigen Mieter für Ihre Wohnung

Der beste Schutz vor Mietnomaden setzt schon vor der Neuvermietung ein: Mit der Suche nach den neuen Mietern, dem ersten Kontakt und vor allem der Überprüfung ihrer Angaben. Dieser letzte Punkt ist ganz entscheidend, da Mietnomaden häufig ein gewinnendes Auftreten und gepflegtes Äußeres haben. Mit einer gewissen Dreistigkeit sind sie in der Lage, Vermieter unter Druck zu setzen und zu übertölpeln. Sogar Makler und Hausverwalter fallen mitunter auf sie herein. Manche rechtschaffenen Menschen dagegen verkaufen sich einfach nicht so gut und haben mitunter sogar Schwierigkeiten, eine Wohnung zu finden.

2.1 Steckbrief: Die idealen Mieter

Es sind gar nicht so viele Wünsche, die die künftigen Mieter einer Wohnung oder eines Hauses ihrem Vermieter erfüllen sollen: Sie sollten vor allem

- ihre Miete regelmäßig zahlen und
- pfleglich mit der Mietsache umgehen und sie später in gutem Zustand zurückgeben.

Damit das funktioniert, sollten zwei Bedingungen erfüllt sein:

- Die Mieter sollten sich wohl fühlen und
- sie sollten zur Bewohnerstruktur bzw. zur Nachbarschaft passen.

Manche Vermieter versuchen vor allem, möglichst zahlungskräftige Mieter anzuziehen, ohne sich im Klaren zu sein über das Profil ihrer Wohnung bzw. ihres Hauses und die Struktur der Umgebung. Wenn das Objekt nicht danach ist, dann werden diese Mieter, möglicherweise auch die Nachbarn, bald unzufrieden. Der Vermieter handelt sich dadurch nichts als Ärger ein.

2.1.1 Nicht ohne Hintergedanken: Warum sich Ihre Mieter wohl fühlen sollen

Warum es wichtig für Vermieter ist, dass ihre Mieter sich wohl fühlen? Mehr, als auf den ersten Blick ersichtlich ist. Es ist vielleicht sogar die wichtigste Voraussetzung für ein Mietverhältnis, bei dem beide Parteien auf Dauer gut fahren. Beim Vermieten ist es nämlich anders als beim Autokauf. Da ist der Verkäufer meist nur solange freundlich, bis Sie den Wagen gezahlt haben. Das Mietverhältnis ist dagegen ein Dauerschuldverhältnis. Sie wollen, dass ihre Miete einschließlich der Nebenkostenvorauszahlung – korrekter ist eigentlich: Betriebskostenvorauszahlung – pünktlich jeden Monat eingeht. Ihre Mieter wollen, dass die Wohnung, Doppelhaushälfte, das Reihen- oder Einfamilienhaus in Schuss ist. Es ist nicht unwichtig, Mietern den Eindruck zu vermitteln, dass auch Ihnen daran gelegen ist. Anders als beim Autokauf dieser Dienst am Kunden nicht mit der Schlüsselübergabe auf.

Darum ist es sinnvoll, sich schon vor der Neuvermietung über den Zustand der Wohnung im Klaren zu sein und Mängel vorher abzustellen bzw. Bewerbern konkret zusagen zu können, dass sie behoben werden. Das kann das Fundament für ein gutes Mietverhältnis legen.

> Vermieter sollten jeden Grund zur Unzufriedenheit so früh wie möglich aus dem Weg räumen. Wenn Mieter schlecht mit der Mietsache umgehen oder die Miete nicht zahlen, ist nicht selten Ärger über den Vermieter die tiefere Ursache.

Es kommt vor, dass Mieter die Mietminderung als Gegenwehr, als Waffe einsetzen, und geschieht unabhängig davon, ob tatsächlich etwas zu bemängeln ist. Die Mietminderung als Waffe trifft nicht selten Vermieter, die penibel sind und ihren Mietern sehr starre Grenzen setzen. Oder die tatsächlich nicht reagieren, wenn der Mieter einen Mangel meldet.

Sich in Mieter hineinversetzen

Wohl die meisten Menschen haben schon einmal zur Miete gewohnt. Es kann nicht schaden, sich an die Zeit noch einmal zu erinnern. War der Vermieter knauserig oder kulant, pedantisch oder pragmatisch? Gab er einem das Gefühl, ein Bittsteller zu sein und hinterließ ein ungutes Gefühl? Oder konnte man sich auf gleicher Augenhöhe unterhalten? Die Psychologie zwischen Vermietern und Mietern bestimmt ganz entscheidend mit, ob ein Mietverhältnis funktioniert oder nicht.

Man darf als Vermieter nicht zu pedantisch sein, sich über die Fliege an der Wand ärgern. Manche Leute regen sich sogar über die Gardinen ihrer Mieter auf. Ich kenne eine Vermieterin, die gegen Herrenbesuch ist. So was ging früher vielleicht mal, aber heute nicht mehr. Manche Vermieter vermitteln den Eindruck, als würde sie außer der Miete gar nichts interessieren. Vor Gericht kann das böse ausgehen: Wenn man mit solchen Mietern vor Gericht steht, muss der Richter auch erkennen, dass ich als Vermieter Raum lasse. Ich muss klar machen: Dies und jenes habe ich meinen Mietern schon zugestanden; darüber reden wir heute nicht. Aber wir möchten nur ein korrektes Mietverhältnis haben und uns mindestens auf gleicher Augenhöhe unterhalten. Man muss dem Richter klarmachen, dass man sicherlich nicht engstirnig ist. Wer dagegen zu penibel ist, der tritt auch vor Gericht so auf und hat dann schnell einen gewissen Ruf beim Richter weg: Der denkt sich dann: Das stimmt aber auf beiden Seiten nicht. Ich bin selber Laienrichter und kenne mich ein bisschen mit den Stimmungen aus. Mit meiner Linie habe ich sehr viel Erfolg. Zumindest habe in mehr als 30 Jahren als Vermieter vor Gericht noch nicht einmal verloren. Vergleiche gab es zwar oft, aber ich konnte immer damit leben.

Klaus Bleckmann (63), Vermieter von rund 400 Wohnungen

Den Mietern Raum lassen bedeutet natürlich nicht, alles durchgehen zu lassen. Schmutz im Treppenhaus etwa, oder die aufgebogene Briefkastenklappe, weil einem Mieter der Schlüssel abhanden gekommen ist.

Mit der Überlegung, dass sich Ihre Mieter wohl fühlen sollen, hat es noch eine andere Bewandtnis. In vielen Gegenden ist die Nachfrage nach Mietwohnungen und -häusern gering. Den Marktgesetzen folgend können Mieter darum größere Forderungen stellen. Auf der anderen Seite stehen die Eigentümer. Auch sie können ihre Marktstellung verbessern, indem sie ihre Immobilien gut instand halten und dadurch eine etwas zahlungskräftigere Klientel anziehen. Wer attraktive Wohnungen vermietet, stößt generell auf größere Resonanz und kann dann unter mehreren Bewerbern den „attraktivsten" Mieter aussuchen.

2.1.2 Gleich und gleich...: Mieter müssen ins Haus passen

Entscheidend ist, dass die künftigen Mieter ins Haus, in die Umgebung passen. Es ist sinnvoll, sich Gedanken über die Bewohnerstruktur der Nachbarschaft bzw. des Hauses zu machen und sich zu überlegen, ob die Mietinteressenten damit harmonieren.

Mietshäuser an einer Ausfallstraße oder in manchen Außenbereichen einer Stadt etwa sind oft günstig; zu den Mietern gehören in vielen Fällen sozial Schwächere. Man sollte sich sehr genau überlegen, ob man eine solche Wohnung etwa einem zugereisten höheren Angestellten oder Journalisten vermietet. Vielleicht hat der Interessent sich nur deshalb auf das Wohnungsinserat gemeldet, weil er vom günstigen Mietzins fasziniert ist, sich aber noch nicht gut in der Stadt auskennt. Er nimmt sich vor, den preiswerten Wohnraum zu mieten, bis er etwas Anderes gefunden hat. Es kann jedoch sein, dass der neue Mieter durch den Straßenlärm bald unzufrieden ist und sich etwas Neues sucht. Dann merkt er, dass er doch nicht beide Mieten gleichzeitig zahlen kann, auch wenn die eine der beiden Mieten günstig ist.

Auch wer in seinem Haus nur Sozialhilfeempfänger hat, tut unter Umständen gut daran, eine frei werdende Wohnung wieder an Sozialhilfeempfänger zu vermieten. Jemand, dessen Lebensrhythmus von der Arbeit bestimmt wird, könnte sich irgendwann darüber ärgern, dass die anderen noch schlafen, während er früh morgens zur Schicht muss, oder dass die anderen Hausbewohner noch beim Grillen zusammensitzen, während er selbst schon zu Bett muss. Das kann einen Menschen unzufrieden machen. Und es kann dazu führen, dass er seinem Ärger mit Beschwerden, Nachbarschaftsärger und sogar Mietminderung Luft macht.

Eine Familie mit ausgeprägtem Hang zum Individualismus ist vielleicht nicht der ideale Kandidat für eine Reihenhaussiedlung, wo „alles seine Ordnung" haben muss, schon aus Platzgründen. Mülltonnen, die vor der Haustür statt hinter einer Hecke stehen; eine Schar Fahrräder, die im Garten herumstehen statt in der Garage – über so etwas könnten sich Nachbarn ärgern – ob man das nun spießig findet oder nicht. Spätestens wenn die Nachbarn bei Ihnen anrufen, ist das Problem wieder beim Vermieter gelandet.

Ein Vermieter, den wir bei der Recherche gesprochen haben, hält Studierende und Familien mit Kindern grundsätzlich für die besten Mieter. Hier geht selten etwas kaputt, und mit den Mietzahlungen klappt es auch. Meistens – natürlich gibt es auch Ausnahmen. Das gleiche gilt für Wohngemeinschaften, die meist dem studentischen Milieu entstammen. Seiner Erfahrung nach beträgt die durchschnittliche Wohndauer in einer Wohngemeinschaft zweieinhalb Jahre, was das Risiko einigermaßen begrenzt. Dieser Hauseigentümer sagte uns auch, dass er am liebsten Leute einziehen lässt, die in einer Beziehung leben – weil das einem Menschen eine gewisse Stabilität gibt. Während er mit Berufstätigen unter 30 schlechte Erfahrungen gemacht hat, vor allem mit Suchtproblemen. Wie gesagt: Eine persönliche Erfahrung.

2.1.3 Nicht zu nah: Freunde und Verwandte als Mieter?

Sympathie kann eine gewisse Rolle spielen bei der Vermietung einer Wohnung. Allerdings handelt es sich um eine Geschäftsbeziehung, bei der eine zu enge Verbindung nicht immer wünschenswert ist. Heikel kann es werden, wenn man an Verwandte, Bekannte oder Freunde vermietet. Die Vorteile liegen zwar auf der Hand: Man kennt diesen Menschen besser als andere – zumindest glaubt man das. Nahestehenden Menschen nahe zu sein, kann schön sein. Vielleicht springen Freunde oder Verwandte auch gern als Babysitter ein oder helfen mit bei der Pflege eines Angehörigen.

Über die Nachteile einer Vermietung an Nahestehende ist man sich anfangs meist nicht so im Klaren: Wenn sich Probleme ergeben, dann sind die beiden Vertragspartner vermutlich nicht unbedingt bereit, so nüchtern miteinander umzugehen wie bei jedem anderen Mietverhältnis, bei dem sich die Vertragspartner vorher nicht kannten. So wie ein geliebter Mensch zum Hassobjekt werden kann, sind auch Freundschaften und Bekanntschaften in Gefahr, wenn die persönliche und geschäftliche Ebene sich vermischen. Über Mietverhältnisse sind schon persönliche Freundschaften zerbrochen und Familienfehden entstanden.

Schon die Wortwahl ist schwierig: Hat man wirklich eine ernsthafte Miet-Angelegenheit mit einem Freund, Bekannten oder Verwandten zu besprechen, überlegt manch einer sich dreimal, wie er die Botschaft verpacken soll. Um sich am Ende doch auf die Zunge zu beißen. Und sich beim nächsten Mal ein Loch in den Bauch zu ärgern, wenn etwas vorfällt, das eigentlich angesprochen werden müsste.

Es gibt vielerlei Konfliktpunkte, an die man bei der Vermietung noch nicht denkt, die aber später zutage treten können:

- Wie spricht man es an, wenn der Mieter die Hausordnung nicht einhält?
- Würde man wirklich eine Mahnung schreiben, wenn die Miete ausbleibt?
- Wie würde eine Meinungsverschiedenheit wegen der Betriebskostenabrechnung ablaufen?
- Würde man wirklich eine Mieterhöhung aussprechen?
- Würde man es übers Herz bringen, etwa wegen Eigenbedarfs zu kündigen?

Es lohnt sich zu überlegen, wie der Ihnen nahe stehende Mieter bei solchen Konfliktpunkten reagieren würde.

Wer jemanden als Mieter nimmt, der ihm von Freunden oder Verwandten empfohlen worden ist, geht ein weiteres Risiko ein. Sollte es zu Konflikten kommen, dürfte wohl auch die Beziehung zu dem Tipp-Geber leiden.

Wer an Freunde vermietet, könnte auch versucht sein, keinen Mietvertrag abzuschließen. Damit allerdings geben Vermieter alle Rechte aus der Hand und begeben sich in die allerschwächste denkbare Position (siehe hierzu auch Kapitel 2.3.1; Mietvertrag: Nicht so einfach, wie man denkt, S. 70).

Lassen Sie sich leiten von einer einfachen Überlegung: Würden Sie an diesen Interessenten auch vermieten, wenn sie keine persönliche Beziehung zu ihm hätten? Wenn die Antwort nein ist, lassen Sie besser die Finger davon.

2.1.4 Unterm Strich: Den Mietzins festlegen

Schon bevor die Suche nach dem Mieter losgeht, sollten Vermieter wissen, welche Miete sie verlangen wollen. Schließlich ist die Miethöhe eine der wichtigsten Informationen in einem Vermietungsinserat.

Mietspiegel

Wohl das beste Hilfsmittel zur Festlegung des Mietpreises ist der Mietspiegel, also ein Querschnitt über die ortsübliche Vergleichsmiete für Häuser mit über drei Wohnungen auf dem frei finanzierten Wohnungsmarkt. Sozialwohnungen, die ja preisgebunden sind, fallen also nicht darunter, außerdem keine Einfamilienhäuser und möblierter Wohnraum. Rund 87 Prozent der Großstädte (über 100.000 Einwohner) und die Hälfte der Städte über 20.000 Einwohner hatten im Oktober 2003 einen Mietspiegel. An seiner Erstellung wirken an vielen Orten die Haus- Wohnungs- und Grundeigentümervereine und Mietervereine mit. Schon aus diesem Grund sorgt er für Rechtsfrieden und nutzt damit beiden Seiten.

Zu hohe Miete

Der Vorteil eines Mietspiegels für Vermieter liegt auf der Hand: Sie können ohne teures Gutachten Mieterhöhungen durchsetzen und haben einen Anhaltspunkt für die Miethöhe bei neuen Verträgen, wobei Obergrenzen einzuhalten sind: Wer die angespannte Lage auf dem Wohnungsmarkt ausnutzt, um die ortsübliche Vergleichsmiete um mehr als 20 Prozent zu überschreiten, begeht eine Ordnungswidrigkeit. Mietpreisüberhöhung kann allerdings nur geahndet werden, wenn in der ganzen Stadt keine günstigeren Wohnungen zu finden sind, wie der BGH festgestellt hat

(AZ: VIII ZR 44/04; 13.04.2005). Ein Straftatbestand ist Mietwucher: Die Überschreitung der ortsüblichen Vergleichsmiete um mehr als 50 Prozent, sofern der Vermieter etwa eine Zwangslage oder die Unerfahrenheit eines Mieters ausnutzt.

Es ist nicht empfehlenswert, in einem Bestand vergleichbarer Wohnungen bei Neuverträgen die Miete zu senken, nur um Mieter ins Haus zu bekommen: Mieter unterhalten sich sehr oft untereinander über die Miete. Und wenn Familie Müller mehr zahlen muss als Familie Meyer, kommt Unfrieden ins Haus.

Gefahr bei Mietsenkung

Die Realität sieht vielerorts allerdings anders aus: Mieterhöhungen und Wohnungsmieten über der ortsüblichen Vergleichsmiete sind in manchen Gebieten nicht durchzusetzen. Wer Schwierigkeiten hat, seine Wohnung zu vermieten, könnte sich einmal bei den Vermietern benachbarter Wohnungen erkundigen, welchen Mietzins sie nehmen: Einen bessere Vergleichsmöglichkeit gibt es nicht, da sich Lage, Alter und baulicher Zustand oft stark ähneln. Aus diesem Grund sollten Vermieter bzw. Verwalter bei der Neuvermietung allerdings eines nicht tun:

Ich gehe derzeit nicht rauf mit der Miete, aber auch nicht runter. Höchstens um einen Euro: 399 Euro sieht einfach für Mietinteressenten besser aus als 400 Euro, und über diese kleine Differenz regt sich keiner auf.
Katja Schmitt, Hausverwalterin

An Mietgesuchen orientieren?

Preisvorstellungen tauchen auch in Mietgesuchen auf. Allerdings muss man sich klar machen, dass hier in der Regel viel Wohnung für wenig Geld gesucht wird. Wer sich an diesen Preisen orientiert, vermietet leicht unter Wert.

2.1.5 Zeitung, Makler, Anzeige: Die richtigen Mieter finden

Zeitung, Makler, Empfehlung durch den Vormieter: Kein Weg zur Mietersuche schließt hundertprozentig aus, an Mietbetrüger zu geraten. Allerdings: Die meisten Vermieter, mit denen wir bei der Buchrecherche gesprochen haben, sind über ein eigenes Zeitungsinserat an ihre Mietnomaden geraten.

Der Chiffre-Filter

Inserate mit Chiffrenummer wirken auf viele Menschen abstoßend. Viele wissen gar nicht, wie sie darauf antworten sollen. Vermieter wählen diesen Weg manchmal, um bei sehr begehrten Objekten vorzufiltern. Auch im Hinblick auf Mietnomaden dürfte dieser Filter in vielen Fällen funktionieren, weil Mietbetrüger es – je näher die Räumung rückt – sehr eilig haben, eine neue Bleibe zu finden. Darum dauert ihnen der Weg über das umständliche Chiffreverfahren möglicherweise viel zu lange. Da Mietnomaden in vielen Fällen auch kein Namensschild an der Wohnung haben, könnte ein Brief des Chiffre-Inserenten nicht zugestellt werden. Darum lässt sich vermuten, dass Mietbetrüger auf dieses umständliche Verfahren verzichten. Also ein empfehlenswerter Vermiet-Tipp, allerdings sicherlich nicht, wenn das Objekt ohnehin nur schwer zu vermieten ist.

Auf Inserate antworten?

„Examinierter Altenpfleger in Festanstellung sucht...", „Kriminalbeamtin sucht..." Wer sich Wohnungsgesuche anschaut, kann den Eindruck bekommen, dass sich auf diese Weise relativ sicher vernünftige Mieter finden lassen. Zumindest bei der Buchrecherche ist kein Fall bekannt geworden, dass sich Vermieter über ein Wohnungsgesuch Mietnomaden eingehandelt hätten. Vermutlich bringen Mietnomaden eher selten die Initiative auf, ein eigenes Inserat zu schalten. Es kommt hinzu, dass sie in der Regel Zahlungsschwierigkeiten haben und möglicherweise die Ausgabe für ein Inserat sparen wollen. Eine Garantie ist das aber keineswegs, und zwar aus folgendem Grund: In einem Wohnungsgesuch kommt es darauf an, sich möglichst gut zu verkaufen. Und wenn jemand dies beherrscht, dann sind es Mietbetrüger. Da wird schnell aus jemandem, der mal im Lager bei einem Computerversand gearbeitet hat, der Computerspezialist.

Es droht noch eine andere Gefahr: Viele Menschen halten das, was in der Zeitung steht, selbst wenn es eine Anzeige ist, für die Wahrheit. Bei Wohnungsinseraten sind das vor allem die Informationen über den erlernten und ausgeübten Beruf. Vielen Menschen kommt es nicht in den Sinn, dass da jemand lügen könnte „wie gedruckt". Vermieter sollten auf jeden Fall wachsam sein und nicht auf weitere Nachweise, etwa über das Gehalt, verzichten.

Kontakte

Natürlich kann man sich seine Mieter auch über Empfehlungen suchen. So kann man die Bewerber schon mal ein wenig einschätzen. Allerdings ist das keine Garantie für vernünftige Mieter. Verwandtschaft oder Bekanntschaft allein besagt übrigens noch gar nichts über die Zuverlässigkeit von Mietinteressenten: In einem der krassen Fälle von Mietbetrug, die in den ersten Kapiteln beschrieben wurden, vermietete man gerade deshalb an ein junges Paar, weil die Tante der Betrügerin eine Bekannte des Vermieters war...

Meine persönliche Erfahrung ist: Nachmieter, die einem von soliden Vormietern vorgeschlagen werden, sind ebenfalls solide. Chaotische Mieter allerdings sorgen für chaotische Nachmieter.
Klaus Bleckmann, Vermieter von rund 400 Einheiten

Zielgruppen-Suche

Wer sich an definierte Zielgruppen wendet, holt sich weniger leicht Mietbetrüger ins Haus: Wer also etwa geeignete Wohnungen dem Personalbüro eines Großunternehmens mitteilt, bei dem melden sich bereits „vorsortierte" Interessenten, die ganz ohne Zweifel einen Job haben. Wer am schwarzen Brett der Uni inseriert, bei dem dürften sich am ehesten Studenten melden, die bei vielen Vermietern als zuverlässig gelten. Dieser Vorteil fällt bei allgemeinen Pinnwänden, etwa im Supermarkt, natürlich weg.

Makler und Hausverwaltungen

Makler haben abschreckende Wirkung, vor allem auf Menschen mit finanziellen Problemen, denn auf sie kommt zur Kaution und zur regulären Mietzahlung auch noch die Maklerprovision zu. Wer diese finanzielle Belastung auf sich nimmt, ist zahlungsfähig und -willig, sollte man zumindest meinen. Eine Garantie dafür gibt es allerdings nicht: Auch Immobilienmakler und auch Hausverwaltungen fallen auf Mietbetrüger herein, wie die Recherche zu diesem Buch ergeben hat. Immerhin haben die Profis mehrere Vorteile: Sie übernehmen die Arbeit, die eine Neuvermietung mit sich bringt, und bei Maklern lässt sich möglicherweise auch vereinbaren, dass Vermieter keine Provision zu zahlen brauchen, vor allem bei attraktiven Lagen oder großer Nachfrage. Makler haben außerdem Erfahrung mit der Kalkulation der Miethöhe, wobei sie eher dazu neigen dürften, sie hoch anzusetzen, da sich auch ihre Provision danach richtet.

Ein großer Vorteil von Vermietungsprofis wie Maklern oder Hausverwaltern ist der Einsatz professioneller Mittel zur Überprüfung. Dieser Vorteil relativiert sich allerdings, denn auch Privatvermieter können diese Mittel ohne große Umstände für sich nutzen (siehe Kapitel 2.2.8; Datenbanken: Vertrauen ist gut, Kontrolle ist besser; S. 56).

2.1.6 CHECKLISTE MIETERSUCHE

► Ist die Wohnung / das Haus in Schuss?
   Wenn nein, was muss gemacht werden (vor oder nach Einzug der Mieter?)

► Wie ist die Bewohnerstruktur?

► Was für Mieter suchen Sie?

► Höhe der gewünschten Miete und Betriebskostenvorauszahlung?

► Wie suchen Sie?
   Anzeige schalten, evt. mit Chiffre
   Auf Wohnungsgesuch reagieren
   Aushang
   Makler

► Bewerberbogen und Mietvertrag vorbereiten

2.2 Berechtigte Neugier: So prüfen Sie Ihre Mieter

Wer ein Vertragsverhältnis eingeht, das Jahre, sogar Jahrzehnte dauern kann, will wissen, mit wem er es zu tun hat und ob sein Vertragspartner seinen Pflichten auf Dauer nachkommen wird. Der Vermieter erwartet darum vom Mieter vor allem, dass er regelmäßig die Miete zahlt. Außerdem kann er erwarten, dass der Mieter pfleglich mit der Wohnung oder dem Haus umgeht und mit der Nachbarschaft in Frieden zusammenlebt. Ein gestörter Hausfrieden kann schnell auf den Eigentümer zurückschlagen, bis hin zu Unterlassungsklagen durch Nachbarn oder Mietminderung durch die eigenen Mieter. Weil man in Menschen nicht hineinsehen kann, sollten Vermieter darum unbedingt alle Möglichkeiten nutzen, etwas über ihre Mietinteressenten zu erfahren.

Übrigens haben nicht nur Vermieter ein berechtigtes Interesse an ihrem Gegenüber, sondern auch Mietinteressenten. Es kommt vor, dass sie bei einer Wohnungsbesichtigung die bisherigen Mieter zur Seite nehmen und fragen, „wie denn der Eigentümer so ist". Erfahrene Vermieter vermeiden es darum, Mietinteressenten mit den bisherigen Mietern allein zu lassen. Manche Bewerber erkundigen sich sogar bei den Nachbarn. Geradezu lax mutet dagegen der große Vertrauensvorschuss vieler Vermieter gegenüber ihren künftigen Mietern an. Nicht wenige gehen letztlich durch ihre Gutgläubigkeit Mietbetrügern auf den Leim. Das ist nachzuvollziehen, denn ein Drittel der Mietwohnungen in Deutschland gehört Klein- und Kleinstvermietern – oftmals älteren, unerfahrenen Eigentümern, aber nicht nur:

Ich habe Lehrgeld gezahlt und bin wahrscheinlich sogar noch glimpflich davon gekommen: Ein halbes Jahr Mietausfall und die Rechtsanwaltskosten, die noch mal ein Drittel dieser Summe ausmachten. Mein Fehler war, dass ich die Wohnung so schnell wie möglich neu vermieten wollte: Die Wohnung liegt in Berlin, ich wohnte damals in Dresden – also bedeutete jede Wohnungsbesichtigung extra Fahrerei. Außerdem empfand ich die Dame Mitte 40, die sich auf die Anzeige meldete, als durchaus seriöse Kandidatin. Sie sagte, sie sei im Vertrieb tätig und habe eine Katze. Ich war wirklich naiv: Ich habe ihr den Wohnungsschlüssel in die Hand gedrückt, da hatte sie noch nicht mal einen Mietvertrag unterschrieben. Einen Bewerberbogen habe ich sie auch nicht ausfüllen lassen. Dass sie die Mietkaution lieber in Raten zahlen wollte, stellte sich heraus, als ich sie wegen der ausstehenden zweiten Miete ansprach. Die zweite Miete ist nie gekommen, die Kaution auch nicht.
Matthias Terium (38), kaufte Einzimmerwohnung als Steuersparmodell.

Die Zeitspanne, die für die Prüfung der Mietinteressenten bleibt, ist nicht groß. Die Überprüfung der Mieter in spe sollte darum fair, schnell und effizient erfolgen und sie nicht überfordern. Wer den Bogen überspannt, riskiert, dass Bewerber wieder abspringen. Auf der anderen Seite sollten Sie auch nicht um jeden Preis vermieten.

Wenn ich das Gefühl habe, dass sich die Richtigen noch nicht gemeldet haben, dann neige ich heute dazu, eine Wohnung auch durchaus mal vier Wochen länger leer stehen zu lassen. Eine Garantie, dass die Richtigen dann kommen, ist das auch nicht. Aber man sollte nicht um jeden Preis vermieten.
Klaus Bleckmann (63), Vermieter von rund 400 Wohnungen

2.2.1 Kleider machen Leute: Lassen Sie sich nicht blenden

Im Autoland Deutschland lassen sich viele Menschen dadurch blenden, welches Auto jemand fährt. Genau das kann auch die Absicht dessen sein, der in dem Statussymbol vorfährt. Automarke und Autotyp haben allerdings heute weniger Aussagekraft denn je, zumal Autos in sehr vielen Fällen auf Pump gekauft oder geleast werden. Wissen Sie, wem der Wagen gehört, in dem die Mietinteressenten aufkreuzen? Hinzu kommt, dass gerade teure Autos sehr schnell an Wert verlieren und dann als Gebrauchtwagen günstig zu haben sind. Auf der anderen Seite sind nicht selten gut Verdienende in einem Kleinwagen unterwegs – aus Understatement, weil sie andere Prioritäten setzen oder weil sie als Großstadtbewohner meist mit dem öffentlichen Nahverkehr unterwegs sind.

Sie fuhren in einem 5er BMW vor. Nicht das neueste Modell, aber auch nicht sehr alt: Etwa fünf Jahre alt. Später stellte sich heraus, dass es das Auto von seinem Vater war.
Dieter Salasch, Rentner

Autos und Visitenkarten

„Kleider machen Leute", „Der Hauptmann von Köpenick". Diese beiden Theaterstücke zeigen, wie einfach sich das Sozialprestige durch die Kleidung steigern lässt und wie allzu gern wir einen Menschen nach seinem Äußeren beurteilen. Wenn Outfit und Auftreten einigermaßen stimmig sind, bringen viele Menschen ihrem Gegenüber enormes Vertrauen entgegen. Vertrauen ist ja gut, aber die Redensart geht noch weiter: Kontrolle ist besser. Fallen Sie auf Bluffer nicht herein:

Es gibt gut situierte Akademiker, die gern billige Visitenkarten aus dem Kaufhausautomaten zücken, aber honorig ihre Miete zahlen. Der Beruf eines Menschen allein sagt noch nichts darüber aus, ob er als Mieter seinen Vertragspflichten nachkommen wird. In Köln zog kürzlich ein Mietnomade aus, der von Beruf Rechtsanwalt ist. Auch Ärzte fielen bereits als Mietbetrüger auf. Mit anderen Worten: Hauseigentümer brauchen objektivierbare Kriterien, um zu überprüfen, wie seriös ihre Vertragspartner sind.

> Visitenkarten kann sich jeder drucken lassen. Ihre Blendkraft ist enorm, ihre Aussagekraft gering.

Handys sind das Kommunikationsmittel junger Leute schlechthin. Viele sind anders gar nicht zu erreichen. Allerdings sollte es Sie stutzig machen, wenn Sie von einem angeblichen Geschäftsmann oder Selbstständigen nur eine Handynummer bekommen. Grundsätzlich dürfte bei Leuten über 30 eine gesunde Portion Skepsis angebracht sein, wenn sie nur einen Handyanschluss haben.

2.2.2 Recherche durch die Hintertür: Das Mietergespräch

Beim ersten Gespräch mit Ihren Mietinteressenten sollten Sie alle Antennen ausfahren. Die beste Gelegenheit für ein intensives Gespräch mit dem Mietinteressenten ist in der Regel die Wohnungsbesichtigung. Es sollte Ihnen wichtig sein, dabei möglichst alle Interessenten kennen zu lernen, die einziehen wollen. Das bringt Vorteile für beide Parteien. Schließlich sollen sich ja alle Bewohner dort wohl fühlen, nicht nur diejenigen, die die Besichtigung mitgemacht haben. Schließlich wollen Sie nicht riskieren, nach wenigen Monaten wieder neue Mieter suchen zu müssen. Im Vordergrund sollten Fragen stehen, die direkt mit dem geplanten Mietverhältnis zu tun haben:

- Was machen Sie beruflich? Wie lange schon?
- Warum wollen Sie umziehen?
- Wann wollen Sie einziehen?
- Mit wie viel Personen wollen Sie einziehen?
- Wollen Sie Tiere halten?

Diese Fragen bieten einige Anhaltspunkte, etwaigen Unstimmigkeiten auf die Spur zu kommen. Wenn jemand beispielsweise angibt, er sei versetzt worden, rechtfertigt das nicht unbedingt einen Umzug innerhalb der Stadt.

Keine Frage nach dem Einkommen
Vermissen Sie die Frage nach dem Einkommen? Wir empfehlen, Sie nicht ausdrücklich zu stellen. Es gilt in Deutschland immer noch als Affront, nach dem Einkommen zu fragen, und wird das Gespräch belasten. Sogar Leute mit vernünftigem Einkommen geraten hier regelmäßig ins Stottern! Bessere Anhaltspunkte liefert die Frage, was ein Interessent beruflich so macht. Behalten Sie beim Gespräch aber immer im Hinterkopf: Ein Geschäftsführer etwa muss nicht unbedingt ein gutes Einkommen haben. Die Wirtschaft ist verschwenderisch mit fabelhaften Berufsbezeichnungen: Key Account Manager, After Sales Manager oder Facility Manager. Sie haben nicht immer viel Aussagekraft. Beim Facility Manager können wir Ihnen schon mal sagen: Es kann sich unter Umständen um einen Hausmeister handeln – der durchaus ein honoriger Mieter sein kann und der dazu noch in der Lage ist, eine Glühbirne zu wechseln. Die Berufsbezeichnung sagt außerdem nichts darüber aus, welche Unter-

haltsverpflichtungen jemand hat. Um zu klären, ob sich die Interessenten die Miete leisten können, stehen Ihnen verschiedene Mittel zur Verfügung, auf die wir später eingehen, das Mietergespräch ist nur eines davon. In einer positiven Gesprächsatmosphäre lässt sich auch am ehesten herausfinden, ob ein Bewerber etwa Arbeitslosengeld 2 (Hartz IV) bekommt. Sie haben die Möglichkeit, die Mietkosten direkt an sich überweisen zu lassen und könnten das in diesem Fall auch mietvertraglich regeln (Näheres in Kapitel 4.3.3; Hartz IV: Unterkunftskosten inclusive; S. 87).

Ungezwungene Konversation

Mit dem Mietergespräch möchte man mehr über die Menschen erfahren, die sich für die Wohnung oder das Haus interessieren. Eine ungezwungene Konversation, die sich geschickt steuern lässt, bietet die besten Möglichkeiten dafür. Eine offene Frage – ähnlich wie im Bewerbungsgespräch um eine Stelle – kann überraschende Wendungen bringen. Eine solche offene Frage könnte in Anlehnung an Fragen in Einstellungsgesprächen lauten: Warum glauben Sie, Sie passen hierher? Oder: Warum glauben Sie, wir sollten an Sie vermieten? Dass sich ausgebuffte Mietbetrüger dadurch ins Bockshorn jagen lassen, ist nicht zu vermuten, aber vielleicht erhalten Sie zusätzliche Anhaltspunkte über einen Menschen.

Wenn jemand in einem 7er BMW vorfährt, aber abgewetzte Schuhe hat, werde ich misstrauisch.

Frank Rink, Hausverwalter

Ungeeignete und unzulässige Fragen

Wenn sich durch ein unverkrampftes Gespräch weitere Informationen gewinnen lassen, umso besser. Aber: Fragen, die nicht direkt mit dem geplanten Mietverhältnis zu tun haben, sind unzulässig: Etwa die nach der Mitgliedschaft im Mieterverein, oder die Frage, ob jemand schon einmal arbeitslos war. Nach der Rechtsprechung (AG Rendsburg 3 C 241/90, Frage zur Mitgliedschaft in Mieterverein und Vorstrafen) darf man auf solche Fragen die Unwahrheit sagen. Ganz nebenbei belasten sie auch die Gesprächsatmosphäre, denn nach einem solchen Verhör wird so mancher Mietinteressent keine Lust mehr haben zu unterschreiben. Es sei denn, er ist außerordentlich leidensfähig, oder das Mietobjekt ist ganz außergewöhnlich und begehrt. Ob weitere Kinder geplant sind, lässt sich am ehesten noch im lockeren Plausch heraushören. Die direkte Frage nach dem Kinderwunsch ist jedoch unzulässig (AG Rendsburg a.a.O.) und kann ohne Konsequenzen für den Mietinteressenten falsch beantwortet werden.

Alarmzeichen: Die Bewerber wollen sofort einziehen

In vielen Fällen stehen Mietnomaden kurz vor der Räumung. Darum sollte es Sie misstrauisch machen, wenn die Interessenten lieber gestern als heute einziehen wollen.

Allerdings: Auch dafür kann es gute Gründe geben. Im Übrigen hat die Recherche zu diesem Buch ergeben, dass manche Mietnomaden sogar Häuser bzw. Wohnungen auf Vorrat mieten und eine Zeitlang gar nicht bewohnen, nur um für den Fall der Fälle ein Dach über den Kopf zu haben.

Ist es sinnvoll, den Mieter zu besuchen?
Manche Vermieter schwören darauf, die Mietinteressenten zu Hause zu besuchen. Das hat den entscheidenden Vorteil, dass man einen kleinen Einblick in die Lebenswelt der Interessenten erhält. Praktikabel ist solch ein Hausbesuch nicht immer; er ist in der Regel erst dann denkbar, wenn die Vertragspartner schon handelseinig sind. Wenn jemand etwa erst aus einer anderen Gegend herzieht, ist der Besuch beim Mieter gänzlich unrealistisch. Folgende Überlegung kommt hinzu: Wer führt schon gern seinen künftigen Vermieter durch seine bisherigen vier Wände? Man will schließlich nicht schon das Mietverhältnis belasten, noch ehe es begonnen hat.

Der Besuch bei den Mietern in spe hat außerdem nur begrenzte Aussagekraft, denn sie werden im Zweifelsfall putzen und aufräumen. Nehmen wir an, der Vermieter wünscht keine Haustiere, dann werden die Mieter in spe die Katze, mit der sie trotz Tierhaltungsverbots einziehen wollen, im Zweifelsfall wegsperren, alle Katzenhaare wegsaugen und auf die hässlichen Kratzspuren auf der Sofalehne eine Decke legen. Über die Zahlungsmoral und Solvenz der Mieter – und darum geht es vor allem – sagt der Besuch wenig aus. Aber es lassen sich eventuell andere Anhaltspunkte finden, die einen Vermieter vorsichtig machen können.

Ich besuche Mieter immer zu Zuhause. Wenn dann Äußerungen über den Beruf, die Wohndauer, Vermieter oder über Nachbarn nicht stimmig bzw. unlogisch sind, kann es sein, dass ich den vorbereiteten Vertrag wieder mitnehme und mit den Worten „Ich muss mir das noch mal überlegen" wieder gehe. Wenn ein Interessent etwa über Mängel in seiner derzeitigen Wohnung klagt und ich erkenne, das sind Kleinigkeiten, während er selbst eine Tapete schlampig geklebt hat, dann sagt mir das: Dies ist nicht der richtige Mieter. Ich bin selbst auf einen Mietnomaden hereingefallen, obwohl ich von allen betroffenen Vermietern am wenigsten Schaden hatte. Dieses eine Mal hatte ich den Mietinteressenten nicht zu Hause besucht, weil er persönlich darum gebeten hatte.
Klaus Hesse, Vermieter

Ein Mietergespräch mag wichtig fürs Bauchgefühl sein. Aber auch das täuscht oft, wie man daran sieht, dass die Zahl der Mietnomaden zunimmt. Vermieter kommen nur durch überprüfbare Fakten wirklich weiter.

Wer sich vor Mietnomaden hüten will, der könnte über seine Mieter in spe noch am ehesten im Gespräch mit deren bisherigen Nachbarn etwas herausfinden. Allerdings dürften die künftigen Mieter von solch einem Gespräch in der Regel erfahren und werden es nicht ohne Grund als Schnüffelei auslegen.

Viele Mietnomaden schützen sich nämlich vor Gläubigern und dem Gerichtsvollzieher, indem sie Klingeldrähte durchknipsen und/oder Namensschilder abmontieren. Das ist ein ernstzunehmendes Zeichen.

> Alle Alarmglocken sollten bei Ihnen läuten, wenn der Mieter Sie zum vereinbarten Zeitpunkt schon vor der Tür erwartet oder Sie bittet, ihn mit Ihrem Handy anzurufen, weil angeblich die Klingel nicht funktioniert. Sehen Sie in einem solchen Fall unbedingt nach, ob Namensschilder am Briefkasten und der Klingel angebracht sind.

2.2.3 Schlangestehen?
Die Psychologie der Wohnungsbesichtigung

Aus psychologischen Gründen ist es ratsam, die Interessenten nicht alle zum selben Zeitpunkt zu bestellen. Das kann schlechte Stimmung schaffen. Unter Umständen entsteht sogar eine Gruppendynamik, die sich gegen den Vermieter selbst richtet. Klüger und gleichzeitig höflicher gegenüber den Bewerbern ist es, die Mieter in Abständen zur Wohnungsbesichtigung zu bestellen. Die eine Gruppe wird noch herumgeführt, während die nächste gerade eintrifft. Dadurch bleibt die Regie in Händen des Vermieters. Ein Vorteil kommt hinzu: Im Zweifelsfall bekommen die Interessenten so den Eindruck, die Wohnung sei gefragter, als sie tatsächlich ist. Man sollte die jeweils neu eintreffenden Interessenten bitten, schon einmal in Ruhe den ausliegenden Bewerberbogen (siehe Kapitel 2.2.4; Sag mir, wer du bist: Bewerberbogen; S. 44) auszufüllen. Die einleitenden Sätze darauf erklären hinreichend, warum Mieter sie ausfüllen sollten.

Tipps zur Wohnungs-Vermarktung
Wenn Sie Ihre Wohnung vorführen, betreiben Sie Marketing mit dem Ziel, sie an die Frau oder den Mann zu bringen. Einer der ehernen Grundsätze von PR und Marketing ist es, Positives herauszustellen. Darum sollten Sie Ihre Wohnung optimal präsentieren. Am besten, Sie versetzen sich in die Lage eines Interessenten, der noch

nie in der Gegend war und versuchen, negative Einflüsse zu begrenzen. Dazu gehört, dass die äußeren Umstände der Wohnungsbesichtigung stimmen: Vor allem: Minimieren Sie Lärm. Darum kann es sinnvoll sein, die Interessenten zum Beispiel am Wochenende herumzuführen: Betriebe und Baustellen liegen still, und vor allem ist der Verkehrslärm in der Regel deutlich geringer. Wenn es von Ihrer Wohnung zur Autobahn, zum Bus oder zum Bahnhof nicht weit ist, ist das ein prima Marketingargument für das Wohnungsinserat. In der Wohnung selbst würden auch Sie es sich vermutlich ruhig wünschen. Schließlich ist die Wohnung der Rückzugs- und Ruheraum des Menschen. Damit ist allerdings nicht gemeint, dass Sie Rosstäuscherei betreiben sollen: Wenn Sie heraushören, dass den Mietinteressenten Ruhe wichtig ist, Sie aber eine laute Wohnung zu vermieten haben, sollten Sie eher an diese Leute nicht vermieten. Es erspart beiden Seiten Ärger.

Betriebskosten: Wie sag ich's meinem Kind?

Zur Psychologie der Wohnungsbesichtigung und gleichzeitig zum Wohnungsmarketing gehört auch, diplomatisch mit der Frage der Betriebskosten umzugehen, die heute höher als je zuvor sind. Inserate vermelden in der Regel nur die Kaltmiete „ + NK", also zuzüglich der so genannten Nebenkosten. Es ist durchaus vorstellbar, dass sich Interessenten melden, für die die Wohnung eigentlich viel zu teuer ist, weil sie sich über die Gesamtmiete nicht im Klaren sind. Vom Standpunkt der Vermarktung aus muss es allerdings im Interesse des Vermieters liegen, mit der Kaltmiete zu operieren und die Betriebskosten nicht zu sehr in den Vordergrund zu stellen. Eine der Konstanten der Preisbildung im Handel ist, dass 99 vor dem Währungszeichen sich besser verkauft als 100. Darum ist es legitim und nachzuvollziehen, wenn Vermieter den Grundpreis in den Vordergrund stellen. Autoverkäufer machen es schließlich auch und sprechen die versteckten Kosten (Überführung, selbstverständliche Extras) allenfalls ganz zum Schluss an. Die Hersteller, bei denen die Extras schon im Endpreis enthalten sind, haben allerdings den besseren Ruf...

Wer das Thema Betriebskosten aus Marketinggesichtspunkten eher im Hintergrund halten will, sollte allerdings unbedingt herausfinden, ob der Mieter in spe die Gesamtmiete zahlen kann und zahlen wird. Neben dem Gespräch mit dem Mieter stehen ihm dafür verschiedene Mittel zu Gebote (siehe die nächsten Kapitel).

Ein BGH-Urteil vom 28.4.2004 (AZ: XII ZR 21/02) könnte dazu verlocken, die Betriebskosten bewusst niedrig anzusetzen. Es besagt: Der Vermieter verletzt nicht seine Pflichten, wenn er die Betriebskostenvorauszahlung wesentlich zu niedrig ansetzt. Das sei nur unter bestimmten Umständen der Fall: Etwa dann, wenn der Vermieter seinem Mieter zusichert, die Betriebskostenvorauszahlung sei angemessen, oder wenn er sie bewusst zu niedrig bemisst. Die Höhe der vereinbarten Vorauszahlungen schafft laut BGH keinen Vertrauenstatbestand für die Gesamthöhe der Betriebskosten. Der Vermieter sei nämlich nicht verpflichtet, überhaupt Vorauszahlungen zu verlangen. Trotz dieser Entscheidung kann nur davon abgeraten werden, die Vorauszahlungen zu niedrig anzusetzen. Vermieter riskieren damit spätestens bei der ersten Betriebskostenabrechnung berechtigten Ärger und erhöhen unnötig das Risiko, auf Forderungen sitzen zu bleiben.

2.2.4 Sag mir, wer du bist: Bewerberbogen

Der Bewerberbogen ist das beste Mittel, um Angaben über die künftigen Mieter zu erhalten. Genau wie das Gespräch mit den Interessenten liefert er außerdem Anhaltspunkte, mit denen sich Angaben überprüfen lassen. Der beste Zeitpunkt, ein solches Formular ausfüllen zu lassen, ist das erste Kennenlernen, meist also die Wohnungsbesichtigung.

Ausfüllen muss sie niemand. Wenn Interessenten sich weigern, hindert allerdings auch nichts den Vermieter, daraus seine Schlüsse zu ziehen und nicht an sie zu vermieten. Bewerberbögen sind zwar schon lange bekannt. Allerdings empfinden manche Mietinteressenten die Frage nach Nettogehalt und Arbeitgeber als Zumutung; vor allem bei Selbstständigen regt sich oft Widerstand. Bei einem großen Wohnungsangebot überlegt sich mancher Vermieter darum lieber zweimal, ob er Interessenten das Formular vorlegen will. Denn es kann ihm natürlich passieren, dass die Mieter abspringen und zur nächsten Wohnungsbesichtigung fahren, wo möglicherweise kein Formular ausliegt. Allein diese Überlegung zeigt, wie wünschenswert es ist, dass das Ausfüllen eines Bewerberbogens zum akzeptierten Standard auch bei Klein- und Kleinstvermietern wird. In der gewerblichen Wohnungswirtschaft ist der Bogen schon lange Usus.

Die Mieterselbstauskunft von Haus & Grund, die auf der Website von Haus & Grund herunter geladen werden kann, hat sich bewährt, weil gleich zu Anfang Verständnis für das berechtigte Informationsinteresse des Vermieters geweckt wird. Es heißt dort:

„Sehr geehrter Mietinteressent,

Sie interessieren sich für die Anmietung einer Wohnung. Schon jetzt möchten wir Sie darauf hinweisen, dass die Vermietung der Wohnung nur durch Abschluss eines schriftlichen Mitvertrages erfolgt. Mündliche Zusagen und Absprachen führen nicht zum Abschluss eines Mietvertrages.

Mit Abschluss des Mietvertrages für eine Wohnung überlässt Ihr Vermieter Ihnen ein sehr hohes Wirtschaftsgut. So wie Sie ein Interesse daran haben, ein gutes Wohnumfeld und eine intakte Wohnung anzumieten, so hat Ihr Vermieter Interesse daran, die Wohnung so zu vermieten, dass die Mietzahlung gesichert ist.
Daher bittet Ihr Vermieter Sie, folgende Fragen zu beantworten."

Haus & Grund®
Rheinland

Mieter - Selbstauskunft

Sehr geehrter Mietinteressent,

Sie interessieren sich für die Anmietung einer Wohnung. Schon jetzt möchten wir Sie darauf hinweisen, dass die Vermietung der Wohnung **nur durch Abschluss eines schriftlichen Mietvertrages** erfolgt. Mündliche Zusagen und Absprachen führen nicht zum Abschluss eines Mietvertrages.

Mit Abschluss des Mietvertrages für eine Wohnung überlässt Ihr Vermieter Ihnen ein sehr hohes Wirtschaftsgut. So wie Sie ein Interesse daran haben, ein gutes Wohnumfeld und eine intakte Wohnung anzumieten, so hat Ihr Vermieter Interesse daran, die Wohnung so zu vermieten, dass die Mietzahlung gesichert ist.

Daher bittet Ihr Vermieter Sie, folgende Fragen zu beantworten.

Ich / wir haben zur Kenntnis genommen, dass die Selbstauskunft von uns nicht verlangt werden kann.

Ich/wir sind an der Anmietung der Wohnung in _____Straße, Nr. ___

_____ Geschoss, Vermieter: _____

ab _____ interessiert.

Mietinteressent

Name _____ Geburtsname _____

Vorname(n) _____

Geburtsdatum _____ Geburtsort _____

Staatsangehörigkeit _____

Derzeitige Anschrift:_____Straße

Ort:_____Postleitzahl_____

Eines der besten Mittel, über Mietinteressenten etwas zu erfahren: der Bewerberbogen (Hier die erste Seite)

Der Schlüsseltrick

Wichtig ist der oben zitierte Passus, nach dem nur ein schriftlicher Mietvertrag zur Vermietung führt. Gar nicht so selten ist nämlich schon Folgendes passiert: Der Interessent, der sich bei der Wohnungsbesichtigung vorgestellt hat, klingelt beim Vermieter mit dem Wunsch, etwas ausmessen zu wollen. Der Vermieter, der ihm dann den Schlüssel aushändigt, begeht einen kapitalen Fehler. Denn es ist kaum zu verhindern, dass der Interessent jetzt einzieht, wenn er sich auf einen mündlich geschlossenen Mietvertrag beruft. Das kann er, wenn der Vermieter dem Interessenten tatsächlich zugesagt hat, dass er und kein anderer die Wohnung bekommt. Selbst wenn das nicht so war, wie will der Vermieter das Gegenteil beweisen? Er ist in der schlechtesten aller Situationen, denn er hat keinen gültigen Mietvertrag in der Hand, aus dem sich die Höhe der Miete und der Betriebskosten ergibt... Die Unterschrift auf der Mieterselbstauskunft, wonach ein Mietvertrag immer schriftlich geschlossen wird, lässt es in der Regel dazu gar nicht erst kommen. Zumindest erleichtert sie dem Vermieter die Beweislast, wenn er sich mit dem Mieter – was mit einiger Wahrscheinlichkeit eintreten wird – vor Gericht wieder sieht.

Sinnvoll ist auch ein Passus der Art: „Ich erkläre, dass ich in der Lage bin, alle mietvertraglich zu übernehmenden Verpflichtungen, insbesondere die Zahlung von Kaution, Miete und Betriebskosten, zu leisten." Wenn der Vermieter sich mit einem zahlungsunwilligen Mieter vor Gericht wieder sieht, kann das die Position des Vermieters verbessern. Bedingung ist allerdings, dass der Mietinteressent zu diesem Zeitpunkt die Höhe der zu erwartenden Kosten bereits kennt, zum Beispiel aus dem Wohnungsinserat.

Für das Gespräch mit den Interessenten und die Selbstauskunft gilt dasselbe: Es sollten grundsätzlich nur sinnvolle Fragen gestellt werden. Das Wichtigste, was ein Vermieter wissen muss, ist:

- Welche Personen wollen einziehen?
- Wie viel Geld haben die Interessenten unterm Strich zur Verfügung?

Sinnvoll sind die Personalien sämtlicher volljähriger Interessenten: Name, Geburtsname und Vorname(n), außerdem Geburtsdatum und -ort sowie Staatsangehörigkeit und derzeitige Anschrift.

Dass der Arbeitgeber angegeben wird, ermöglicht es Ihnen, dort einmal anzurufen und nachzufragen, ob die Person tatsächlich dort beschäftigt ist. Weiter gehende

Fragen – etwa nach Gehaltsabtretungen oder Lohnpfändung – kann man stellen, allerdings darf ein seriöser Arbeitgeber hierauf aus Datenschutzgründen keine Antwort geben. Man sollte erst dann beim Arbeitgeber anrufen, wenn Unklarheiten bleiben, aber solche Erkundigungen mit der nötigen Sensibilität führen.

Die Frage nach dem Nettogehalt ist mindestens so wichtig wie die Fragen nach unterhaltsberechtigten Ex-Partnern oder Kindern, denn daraus ergibt sich, wie viel Geld den Mietinteressenten unterm Strich bleibt. Aus dem Nettogehalt ergibt sich allerdings nicht automatisch der Betrag, den der Mietinteressent unterm Strich erübrigen kann, denn es sind ja auch Kreditverpflichtungen denkbar, die das Einkommen weiter schmälern.

Die Frage, ob einer der Interessenten eine Eidesstattliche Versicherung („Offenbarungseid") abgegeben hat, ermöglicht einen genaueren Blick auf die Liquidität. Diese Frage ist zulässig, wenn gleichzeitig nach dem Zeitpunkt des „Offenbarungseids" gefragt wird. Der Vermerk wird nämlich normalerweise drei Jahre nach Ablauf des Jahres, in dem er geleistet wurde, aus dem Schuldnerverzeichnis des Amtsgerichts gelöscht.

Um etwas über die finanziellen Verhältnisse seines Interessenten zu erfahren, sind folgende Fragen am wichtigsten und auch vom Mietinteressenten wahrheitsgemäß zu beantworten:

· Arbeitgeber
· Nettoeinkommen
· Abgabe einer Eidesstattlichen Versicherung, wenn ja: Wann?

Wenn sie wahrheitsgemäß beantwortet werden, hat der Vermieter eine gute Entscheidungsgrundlage, ob er vermieten soll oder nicht. Bekommt er falsche Antworten, dann besteht unter Umständen die Möglichkeit, den Mietvertrag außerordentlich zu kündigen oder anzufechten. Dies ist jedoch nur dann möglich, wenn die falsche Antwort auf eine zulässige Frage das Mietverhältniss beeinträchtigt. Ob und wann das der Fall ist, ist jedoch streitig. Der typische Fall wird sicher der sein, in dem der Mieter eine falsche Angabe zu seinem Gehalt macht. Zahlt der Mieter aber – trotz der falschen Angabe – die Miete immer vollständig und pünktlich, so halten einige Gerichte die falsche Auskunft für unerheblich und darum auch eine Kündigung für unzulässig (z.B. LG Wuppertal AZ 16 S 149/98).

Allerdings hat das Gericht mit diesem Urteil eines nicht bedacht: Die Information über das Gehalt und die finanziellen Verpflichtungen des Mieters soll dem Vermieter nämlich auch die Einschätzung darüber ermöglichen, ob der Mietinteressent künftige Mieterhöhungen bzw. steigende Betriebskosten verkraften kann. Daher ist im Einzelfall sehr genau zu prüfen, ob nicht auch noch nach Jahren eine Kündigung möglich ist. Wenn der Mieter eine Mieterselbstauskunft unterschrieben hat, kann diese vor Gericht den Nachweis erleichtern, dass der Mietinteressent den Vermieter bewusst getäuscht hat.

2.2.5 Detektiv spielen: Weiche Fakten

Mit Erfindungsreichtum und Spürsinn kommen Sie weiter: Bewirbt sich ein Freiberufler um die Wohnung, könnte sich ein Blick ins Internet lohnen, ob der Kandidat dort irgendwie auftaucht. Schauen Sie ruhig nach, ob der Mietinteressent, der angeblich eine herausgehobene Position in einer Firma oder Organisation hat, dort auf der Website zu finden ist. Macht diese Website einen professionellen Eindruck oder nicht? Hat sie ein Impressum? Eine vernünftige Website herzustellen erfordert ungleich größeren Aufwand als der Druck von Visitenkarten, ist also schon aussagekräftiger. Wenn ein angeblich Selbstständiger sich um eine Wohnung bewirbt, kann sich die Frage lohnen, wo denn die Firma ist. Man kann sich dann an Ort und Stelle einen Eindruck verschaffen. Dort kann sich das vermeintliche Autohaus zum Beispiel als Schrauber-Werkstatt im zweiten Hinterhof herausstellen.

Aus der Mieterselbstauskunft kennt der Vermieter die bisherigen Wohnungsadressen. Es hindert ihn nichts, dort einmal vorbei fahren. Höchste Gefahr ist geboten, wenn der Mietinteressent nicht auf dem Klingel- und/oder Briefkastenschild auftaucht. Mietnomaden schrauben diese Schilder nämlich oftmals ab.

Ein Gespräch mit dem bisherigen Vermieter, der sich ja über die bisherigen Nachbarn des Mietinteressenten leicht herausfinden lässt, ist dagegen nicht unbedingt sinnvoll. Nehmen wir an, Ihr Mietinteressent ist wirklich ein Mietnomade. Dann ist es nicht unwahrscheinlich, dass der Gesprächspartner ihn weglobt. Wenn sich der Verdacht dagegen als unbegründet erweist – der vorige Vermieter also ein gutes Verhältnis zu seinen Mietern hatte – so kann die Nachfrage dazu führen, den Mieter schon gleich zu Anfang zu verprellen. Fazit: Man treibt großen Aufwand mit der Gefahr, wenig Informationen zu bekommen und den Mieter zu verärgern.

Manchmal bringt es etwas, sich bei den bisherigen Nachbarn des Mietinteressenten zu erkundigen. Allerdings liegt diese Art der Recherche, die schon an Schnüffelei grenzt, nicht jedem. Harte Fakten zur Zahlungsfähigkeit kann man im Gespräch mit Nachbarn nicht unbedingt erwarten. Allerdings lassen sich persönliche Lebensverhältnisse leicht überprüfen. In vielen Fällen machen Mietnomaden nämlich falsche Angaben zu ihrer derzeitigen Wohnsituation. Oft steht ihnen die Räumung bevor, so dass sie dringend eine neue Bleibe brauchen. In anderen Fällen halten Mietbetrüger eine neue Wohnung gewissermaßen auf Vorrat für den Fall, dass sie raus müssen. Solche Lügengebäude fliegen selten auf, weil nur wenige Haus- und Wohnungseigentümer sich die Mühe machen, weiche Fakten zu überprüfen.

> *„Er machte Druck, weil er raus musste. Eigenbedarf oder so etwas Ähnliches. Er verzichtete sogar auf die Renovierung durch die Vormieter und renovierte noch am Tag seines Einzugs."*
> *Dieter Salasch (64): Sein Mieter prellte fünf Vermieter in Serie und versuchte zweimal, ohne einen Cent ein Haus zu kaufen.*

Nur der Wunsch allein, schnell einzuziehen, macht einen Bewerber noch nicht verdächtig. Denn auch seriöse Mieter müssen manchmal sehr schnell eine Wohnung finden, zum Beispiel nach einer Trennung. Aber es kann sinnvoll sein, die Begründung auf Stichhaltigkeit zu überprüfen. Allerdings werden viele Vermieter nicht nachforschen wollen, wenn sie zeitlich so stark unter Druck gesetzt werden, sondern froh sein, dass sie einen Mieter haben, der unterschrieben hat.

2.2.6 Besiegelte Sicherheit: Ausweis oder Pass

Den Personalausweis oder Reisepass sollte man sich spätestens bei der Unterschrift unter den Mietvertrag vorlegen lassen, die Daten sorgfältig abgleichen und auch die Nummer des Dokuments aufschreiben. Ein Führerschein reicht auf keinen Fall – er ist kein Identitätsnachweis. Der angegebene Name auf der Fahrerlaubnis ist im Zweifelsfall nicht mehr aktuell, etwa wegen einer Heirat. Das ist ungünstig, wenn man Angaben überprüfen will. Eleganter ist es, den Ausweis zu kopieren und eine Kopie an den Mietvertrag zu heften, wenn die Mietinteressenten sich zur Unterschrift beim Vermieter einfinden. Manche Eigentümer lassen sich den Ausweis bereits bei der Wohnungsbesichtigung zeigen und gleichen die Angaben mit denen in der Mieterselbstauskunft ab. Allerdings lässt sich leicht vorstellen, dass das abschreckend wirkt – aber Abschreckung ist unter Umständen ein geeignetes Mittel, etwa um bei einer begehrten Wohnung schon früh die Spreu vom Weizen zu trennen. Es hängt vom örtlichen Mietwohnungsmarkt ab, ob das durchzuhalten ist. Sehen muss der Wohnungseigentümer die Personaldokumente unbedingt. Warum, erfahren Sie in den nächsten Kapiteln.

Sowohl bei Sozialwohnungen als auch bei frei finanzierten veranstalten wir grundsätzlich eine Wohnungsbesichtigung. Dabei erhalten die Interessenten ein Bewerberformular mit dem Hinweis: Wenn Sie Interesse an der Wohnung haben, bringen Sie bitte das Formular ausgefüllt zurück, einschließlich einer Personalausweiskopie aller Mieter, drei Gehalts- bzw. Lohnbescheinigungen, Rentenbescheid, Kostenübernahmeerklärung durchs Amt etc. Damit habe ich sämtliche relevanten Angaben für eine genauere Sichtung schon vor dem intensiven Mietergespräch und dem Abschluss des Vertrags.
Frank Rink, verwaltet 1000 Wohneinheiten

2.2.7 Schwarz auf weiß? Was Bescheinigungen taugen

Bescheinigungen haben begrenzte Aussagekraft, um es vorwegzunehmen. Sie erlauben nur einen Blick in die Vergangenheit. Ob der Mensch, der in die Wohnung ziehen will, die Miete zahlen wird, nicht den Hausfrieden stören wird und die Wohnung irgendwann wieder gepflegt hinterlassen wird, können sie nicht vorhersagen. Dennoch können manche einen gewissen Wert haben.

Gehaltsbescheinigung: Nicht mehr als ein Anhaltspunkt
Viele Vermieter verlangen von ihrem Interessenten die Vorlage einer Lohn- oder Gehaltsbescheinigung. Im sozialen Wohnungsbau lassen sich viele Vermieter sogar die letzten drei Gehaltsbescheinigungen vorlegen. Das gibt eine gewisse Sicherheit, sagt allerdings auch nicht mehr aus, als dass jemand drei Monate lang dort tätig war – so lange dauert in vielen Fällen mal gerade die Probezeit.

Jeder Vermieter, Verwalter und Makler sollte sich darüber im Klaren sein, dass sich letztlich jede Gehaltsbescheinigung fälschen lässt: Beim heute üblichen Computerausdruck ist zwar das Layout je nach Software sehr charakteristisch, doch es geht ja bei einer Fälschung manchmal auch nur um einen anderen Namen oder die Fälschung einiger Ziffern. Ein Kopierer oder Farbkopierer erledigt den Rest. Genauso einfach ist es, eine Arbeitgeberbescheinigung auf Firmenpapier zu präsentieren. Ein Mietinteressent kann mit Fug und Recht behaupten, dass sein Chef nicht mit einem Lohnbuchhaltungsprogramm arbeitet, das Gehaltsbescheinigungen druckt. Stattdessen zeigt er vielleicht eine Bescheinigung des Arbeitgebers mit dessen Briefkopf vor. In den allermeisten Fällen wird das Dokument zwar echt sein. Aber dennoch ist hier der Hinweis wichtig, dass es für die meisten Arbeitnehmer ein Leichtes ist, an Firmenpapier oder zumindest ein Originalschreiben seiner Firma heranzukommen und einem Kumpel für einen Kasten Bier damit auszuhelfen. Der Rest ist mit krimineller Energie, Kreativität, Korrekturflüssigkeit und Kopierer schnell erledigt. Allerdings kann der Vermieter mit der Bescheinigung in der Hand durchaus einmal den Arbeitgeber anrufen und fragen, ob sein Mietinteressent dort beschäftigt ist.

Kontoauszug: Keine Aussagekraft
Ein Kontoauszug hat noch geringere Aussagekraft: Den braucht man noch nicht einmal zu fälschen. Man braucht nur zwei Konten: Man zeigt den Auszug des Kontos vor, auf dem die Zahlungseingänge verbucht werden. Nur alle acht Wochen wird von diesem Konto auf das zweite Konto überwiesen, von dem dann alle Belastungen abgehen. Im übrigen ist der Blick auf den Kontoauszug auch ein Blick ins Privatleben des Kontoinhabers. Gut nachzuvollziehen, dass eine solche Forderung auch seriöse Mietinteressenten abschrecken kann.

Polizeiliches Führungszeugnis: Vergessen Sie's!
Amtlicher als Gehaltsbescheinigung oder Kontoauszug ist ein polizeiliches Führungszeugnis, in dem Verurteilungen ab 90 Tagessätzen auftauchen. Es soll tatsächlich Vermieter geben, die es sich vorlegen lassen. Das polizeiliche Führungszeugnis ist unpraktisch und denkbar ungeeignet, um zu beurteilen, ob ein Interessent seinen mietvertraglichen Pflichten nachkommen wird. Jeder Bürger kann das „kleine Führungszeugnis", auch „Privatführungszeugnis" für derzeit 13 Euro bei der Meldebehörde beantragen.

1. Nachteil: Es sät Misstrauen, noch bevor das Mietverhältnis besteht. Wer sich in die Position eines Mieters hineinversetzt, kann das wahrscheinlich nachvollziehen.

2. Nachteil: Es taugt nicht für das normale Vermietungsgeschäft, bei dem beide Seiten relativ schnell die Entscheidung suchen: Es dauert meist zwei Wochen, bis das Führungszeugnis bei der Meldebehörde bereit liegt. Es geht auch schneller: Nämlich wenn der Anfragende es direkt beim Bundeszentralregister in Bonn abholt.

3. Nachteil: Es hat wenig Bezug zum Vermietungsgeschäft. Wer wegen einer Trunkenheitsfahrt verurteilt ist, kann dennoch ein guter Mieter sein.

(Schufa-)Selbstauskünfte: Bringen nichts als Unmut

Manche Vermieter verlangen von ihren Mietinteressenten, dass sie eine Selbstauskunft der Schufa vorlegen. Die Schufa (Schutzgemeinschaft für allgemeine Kreditsicherung) ist nur eine von mehreren Wirtschaftsauskunfteien, die die Kreditwürdigkeit von Kunden beurteilen; in der Öffentlichkeit ist sie die bekannteste.

Wer wissen möchte, was über ihn gespeichert ist, kann bei jeder dieser Auskunfteien eine Selbstauskunft bekommen. Bei der Schufa kann man sie in den regionalen Vertretungen kostenlos einsehen. Wer sie sich ausdrucken lässt, zahlt derzeit 7,60 Euro. Wer sie schriftlich oder übers Internet anfordert, ebenfalls.

Neben den Personendaten enthält die Schufa-Selbstauskunft auch frühere Anschriften, außerdem Informationen über die Eröffnung von Girokonten und die Ausgabe von Kreditkarten, bei Kredit- und Leasingverträgen den Betrag, die Laufzeit sowie gegebenenfalls die vorzeitige Erledigung oder die Einrichtung eines Telefon- oder Handyanschlusses.

Die Schufa-Selbstauskunft vermeldet außerdem Daten über nicht vertragsgemäßes Zahlungsverhalten: Etwa die rückständigen Forderungen nach Zahlungsverzug oder die Gesamtrestschuld bei Kreditverträgen, die gekündigt wurden, weil der Kreditnehmer mit den Raten in Verzug gekommen ist. Hinzu kommen Daten aus öffentlichen Schuldnerverzeichnissen und amtlichen Bekanntmachungen (etwa Eidesstattliche Versicherungen über Vermögenslosigkeit).

Es ist schwieriger geworden, Wohnungen zu vermieten. Darum verlange ich schon lange keine Schufa-Selbstauskunft mehr. Früher, als die Leute Schlange standen, ging es noch. Heute stoße ich auf totale Abwehr. Wenn ich den wenigen Interessenten zu viel Rennerei zumute, dann drehen die sich um und nehmen die nächste Wohnung. Ich kann die Ablehnung zum Teil verstehen: Warum muss ich Ihnen sagen, wie viel Kredit ich für meinen Pkw aufgenommen habe. Ich weiß auch nicht, wie ich reagieren würde.
Katja Schmitt, Hausverwalterin

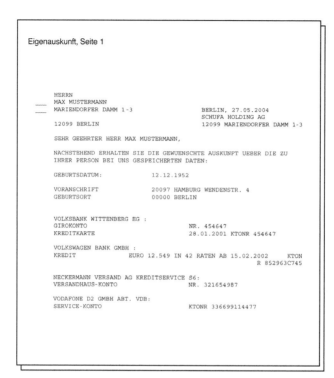

Eigenauskunft, Seite 1

```
HERRN
MAX MUSTERMANN
MARIENDORFER DAMM 1-3          BERLIN, 27.05.2004
                              SCHUFA HOLDING AG
12099 BERLIN                  12099 MARIENDORFER DAMM 1-3

SEHR GEEHRTER HERR MAX MUSTERMANN,

NACHSTEHEND ERHALTEN SIE DIE GEWUENSCHTE AUSKUNFT UEBER DIE ZU
IHRER PERSON BEI UNS GESPEICHERTEN DATEN:

GEBURTSDATUM:          12.12.1952

VORANSCHRIFT           20097 HAMBURG WENDENSTR. 4
GEBURTSORT             00000 BERLIN

VOLKSBANK WITTENBERG EG :
GIROKONTO                    NR. 454647
KREDITKARTE                  28.01.2001 KTONR 454647

VOLKSWAGEN BANK GMBH :
KREDIT          EURO 12.549 IN 42 RATEN AB 15.02.2002    KTON
                                                  R 852963C745

NECKERMANN VERSAND AG KREDITSERVICE S6:
VERSANDHAUS-KONTO            NR. 321654987

VODAFONE D2 GMBH ABT. VDB:
SERVICE-KONTO               KTONR 336699114477
```

Eine Selbstauskunft ohne Negativmerkmale, aber mit recht privaten Einzelheiten: Was interessiert es den Vermieter, wo der Mietinteressent sein Auto abbezahlt? Quelle: Schufa

Aus verschiedenen Gründen ist Vermietern eher abzuraten, von ihren Mietinteressenten die Vorlage einer Selbstauskunft zu verlangen:

1. Sie kann leicht Abwehr gegen den Vermieter erwecken und ist nicht unbedingt Ausgangspunkt für ein gedeihliches Mietverhältnis.
2. Die Bewertung einer Selbstauskunft überfordert Laien: Wenn etwa jemand mehrere Kreditverbindlichkeiten hat, ließe sich daraus folgern, dass jemand bis über den Hals verschuldet ist. Tatsächlich ist es ein positives Zahlungsmerkmal, wenn jemand all seine Verpflichtungen bedient.
3. „Negativmerkmale" richtig zu interpretieren, erfordert einige wirtschaftliche bzw. juristische Sachkenntnis. Hand aufs Herz: Wer weiß, was „Saldo Fälligkeitsstellung" auf der Schufa-Selbstauskunft bedeutet? Darunter ist dort zu verstehen, dass ein Kunde eine offene Forderung trotz mehrfacher Mahnung weder bezahlt noch bestritten hat.

Gibt eine Menge Preis, hat für Vermieter aber nur beschränkten Nutzen: die Schufa-Selbstauskunft. Um die Auskünfte richtig lesen zu können, bedarf es Erfahrung. „Saldo Fälligstellung" bedeutet: ein Kreditvertrag wurde vom Unternehmen gekündigt. *Quelle: Schufa*

4. Die Selbstauskunft dient dazu, dass jeder Bürger erfahren kann, welche Daten über ihn gespeichert sind. Sie enthält daher wesentlich mehr Angaben über die finanziellen Verhältnisse, als sogar Vertragspartner der Schufa (etwa Banken) bei einer Anfrage erhalten.

5. Eine Selbstauskunft hat geringen Gebrauchswert für einen Vermieter, denn sie enthält keine Einschätzung, inwieweit mit einem Zahlungsausfallrisiko zu rechnen ist. Verschiedene Auskunfteien bieten diese Bewertung. Die Schufa übrigens nur ihren Vertragspartnern, also Banken etc.

2.2.8 Datenbanken: Vertrauen ist gut, Kontrolle ist besser

Vermieter haben verschiedene Möglichkeiten, um die Bonität ihrer Mietinteressenten zu überprüfen. Es geht hierbei vor allem um harte, also objektivierbare Daten, die Privatvermieter bisher kaum genutzt haben, die aber mit das effektivste Hilfsmittel der Mieterüberprüfung darstellen. Wir zeigen im Überblick die Vor- und Nachteile und die Kosten auf. Im Wesentlichen geht es um die Schuldnerverzeichnisse der Amtsgerichte und um die Meldungen über Verbraucherinsolvenzen aus dem Bundesanzeiger, außerdem um Angaben von Inkassounternehmen. Diese Daten werden von so genannten Auskunfteien gesammelt.

2.2.8.1 Fast wie vorbestraft: Eintrag im Schuldnerverzeichnis

Im öffentlichen Schuldnerverzeichnis des Amtsgerichts werden drei bestimmte Merkmale von Schuldnern im Amtsgerichtsbezirk aufgelistet:

- die Abgabe der Eidesstattlichen Versicherung (EV): Mit ihr erklärt ein Schuldner dem Gerichtsvollzieher an Eides Statt, dass seine Angaben über sein Einkommen und seine Vermögensverhältnisse der Wahrheit entsprechen. Die Abgabe der EV ist in der Regel der letzte Schritt, den ein Gläubiger mit einem vollstreckbaren Urteil in der Hand von seinem Schuldner verlangen kann, wenn er bisher seine Forderungen nicht hat befriedigen können. Das Aktenzeichen des Urteils („Titel") sowie Name und, soweit bekannt, Geburtsdatum des Schuldners werden ebenfalls erfasst.
- Die Haftanordnung: Kommt ein Schuldner seiner Verpflichtung zur Abgabe der eidesstattlichen Versicherung unentschuldigt nicht nach, kann der Gläubiger sogar einen Haftbefehl erwirken. Eingetragen wird hier auch, wann die Haft (höchstens sechs Monate) vollstreckt wird.
- Abweisung des Insolvenzverfahrens mangels Masse: Hier werden nur Datum und Aktenzeichen vermerkt.

Angaben im Schuldnerverzeichnis werden genau drei Jahre nach dem Eintrag bzw. dem Ende der Haft gelöscht. Der Eintrag kann auch früher gelöscht werden, wenn der Schuldner seine Schulden nachweislich gezahlt hat.

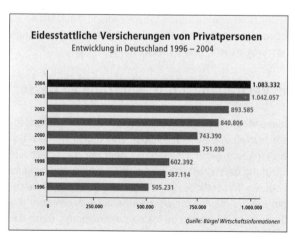

Eidesstattliche Versicherungen von Privatpersonen
Entwicklung in Deutschland 1996 – 2004

Jahr	Wert
2004	1.083.332
2003	1.042.057
2002	893.585
2001	840.806
2000	743.390
1999	751.030
1998	602.392
1997	587.114
1996	505.231

Quelle: Bürgel Wirtschaftsinformationen

Dramatisch: Immer mehr Menschen legen die Eidesstattliche Versicherung über ihr Vermögen ab. Eidesstattliche Versicherungen von Privatpersonen in Deutschland 1996 – 2004. *Quelle: Bürgel*

Das Schuldnerverzeichnis zeigt recht gut an, ob Menschen in finanziellen Schwierigkeiten stecken und ist insofern eine hervorragende Informationsquelle. Die Eidesstattlichen Versicherungen in Deutschland haben sich von 1996 bis 2004 mehr als verdoppelt. Sie sind ein brauchbarer Indikator für die schwierige wirtschaftliche Lage vieler Menschen.

Das Schuldnerverzeichnis ist zwar öffentlich, allerdings muss man sein berechtigtes Interesse an einer Information nachweisen, um Missbrauch vorzubeugen.

Zur Recherche über eine bestimmte Person sind Name, Anschrift und Geburtsdatum notwendig. Wer anfragt, muss sich in der Regel ausweisen. Die Auskunft ist gratis oder kostet eine geringe Gebühr, je nach Bundesland.

Das große Problem der Schuldnerverzeichnisse liegt in der örtlichen Begrenzung: Es sagt immer nur etwas für den Gerichtsbezirk aus. Oftmals zieht sich eine Gerichtsbezirksgrenze sogar mitten durch einen Landkreis. So kann es geschehen, dass der Vermieter eine beruhigende Auskunft über seinen Mietinteressenten bekommt, obwohl der im Nachbarkreis „die Finger gehoben" hat, 15 Kilometer entfernt. Allerdings gibt es Dienste (siehe nächster Abschnitt), die die Angaben aus allen Schuldnerverzeichnissen gesammelt erfassen.

In **Nordrhein-Westfalen** sind die Angaben aller Schuldnerverzeichnisse miteinander vernetzt, was einen großen Fortschritt darstellt. Dieses System („AURIS") dient allerdings nur dem Austausch der Justizbehörden. Wer bei einem beliebigen Amtsgericht in NRW Erkundigungen über einen Schuldner einholt, wird in den meisten Fällen darauf hingewiesen, wenn bei einem anderen Amtsgericht in NRW Einträge vorhanden sind. Verpflichtet sind die Gerichtsmitarbeiter dazu nicht, weil sie nur für ihren eigenen Amtsgerichtsbezirk zuständig sind. Grundsätzlich wird eine solche Auskunft verbunden mit dem Hinweis, selbst nähere Erkundigungen bei dem betreffenden Amtsgericht einzuholen, da der Zentraleintrag niemals ganz aktuell sein kann. Wer persönlich bei einem Amtsgericht vorspricht, bekommt im Zweifelsfall mehr heraus als mit einem Brief.

In **Hamburg** nimmt das Amtsgericht Hamburg Mitte die Funktion des zentralen Schuldnerverzeichnisses wahr. Die dezentralen Schuldnerverzeichnisse der Stadtteilgerichte sind allerdings aktueller. Bis die Daten dort eingetragen sind, kann es bis zu einem Monat dauern.

Derzeit wird allerdings auf Bundesebene über ein mögliches neues Gesetz diskutiert, nach dem in allen Bundesländern zentrale EDV-Schuldnerverzeichnisse eingerichtet werden müssen.

2.2.8.2 Nicht nur für die Wirtschaft: Auskunfteien

In den nächsten Unterpunkten sind einige Wirtschaftsauskunfteien mit ihren Leistungen beschrieben. Mit ihrer Hilfe können Vermieter etwaige Zahlungsrisiken bei Mietinteressenten besser einschätzen. Auskunfteien nutzen in aller Regel die Daten sämtlicher Schuldnerverzeichnisse bei den 687 deutschen Amtsgerichten, außerdem die Daten des Bundesanzeigers mit Angaben über Verbraucherinsolvenzen. Über welche Daten sie darüber hinaus verfügen, ist von Unternehmen zu Unternehmen unterschiedlich. Nicht bei allen Auskunfteien können Einzelpersonen Mitglied werden, aber im Folgenden wird beschrieben, wie Privatvermieter trotzdem die großen Datenbanken der Wirtschaftsauskunfteien nutzen können.

> Einige große Wirtschaftsauskunfteien haben Verträge mit Interessenverbänden, so dass auch Kleinvermieter auf diese Weise stichhaltige und gleichzeitig bezahlbare Informationen erhalten können. Die Eigentümerschutz-Gemeinschaft Haus & Grund und viele angeschlossene Ortsvereine etwa arbeiten zusammen mit InfoScore, andere mit Creditreform oder Bürgel. Wer diese überschaubare Ausgabe scheut, handelt leichtsinnig.

Wirtschaftsauskunfteien führen Datenbanken über die Kreditwürdigkeit von Kunden. Lateinisch „credit" bedeutet: Er / Sie glaubt – und zwar an die Zahlungsfähigkeit des Kunden – theoretisch. Praktisch reicht es in der Wirtschaft nicht aus, seinem Gegenüber zu glauben, sondern man geht auf Nummer Sicher. Dabei helfen Auskunfteien. Mit ihrer Hilfe erhalten Unternehmen, die Kredite jeglicher Art einräumen, Informationen über das Zahlungsverhalten ihrer künftigen Kunden: Typische Vertragspartner von Auskunfteien sind Telekommunikationsanbieter, die einen Dienstleistungskredit einräumen, bis am Ende des Monats die Rechnung kommt. Oder Versandhäuser, die Warenkredite einräumen in der Hoffnung, dass nach der Lieferung auch gezahlt wird, außerdem Versorgungsunternehmen, die ja schon Strom liefern, bevor sie wissen, ob der Neukunde auch zahlt. Selbstverständlich gehören auch Unternehmen, die kreditbezogene Geschäfte abwickeln, zu den Vertragspartnern der Auskunfteien: Zum Beispiel Banken und Leasingfirmen.

Auskunfteien: Wie Vermieter an Informationen kommen

Ein Hauseigentümer stellt seinen Mietern ein hochwertiges Wirtschaftsgut auf unbestimmte Zeit zur Verfügung und hat darum ein ebenso großes Bedürfnis nach Sicherheiten und Informationen wie Banken und Versandhäuser. Diese allerdings haben einen Vorteil: Versandhäuser behalten sich das Eigentum bis zur vollständigen Zahlung der Rechnung vor, und Banken vergeben Kredite am liebsten, wenn ihnen eine etwa gleich hohe Sicherheit gegenüber steht. Vermieter dagegen haben lediglich die Möglichkeit, sich eine Sicherheit in Höhe von maximal drei Monatsmieten als Kaution aushändigen zu lassen und übergeben dann das ganze Wirtschaftsgut, ohne großen Einfluss auf den Erhalt nehmen zu können. Daher ist das Dauerschuldverhältnis Miete mit Risiken behaftet. Darum haben auch Vermieter ein berechtigtes Interesse zu erfahren, ob die künftigen Mieter die Miete zahlen können werden.

Die Auskunfteien arbeiten in der Regel auf der Basis der Gegenseitigkeit: So profitiert ein Versandhaus vom Datencheck einer bestimmten Person durch die Auskunftei. Die Auskunftei wiederum profitiert davon, wenn das Versandhaus ihr negative Zahlungsmerkmale nennt. Diese Merkmale werden dann auch zur Information anderer Kunden dieser Auskunftei genutzt.

Datenschutz: Einwilligung muss sein
Jede Privatperson, die bei einer Auskunftei überprüft werden soll, muss ihre Einwilligung dazu erteilen. Eine Abfrage ist sonst nicht Rechtens. Sinnvollerweise vereinbart man vor der Vermietung mit dem Mietinteressenten, dass der Vermieter eine Abfrage über ihn durchführt. Die Auskunfteien überprüfen stichprobenweise bei ihren Vertragspartnern, ob der Datenschutz eingehalten wird. Die Auskunfteien ihrerseits werden von den Datenschutzbeauftragten der Länder, in denen sie registriert sind, kontrolliert.

Auskunfteien: Was wird gespeichert?
Die Datenschutzbeauftragten der Länder haben sich auf die zuvor beschriebenen Merkmale als Minimalkonsens geeinigt. Die Mehrheit dieses so genannten „Düsseldorfer Kreises" ist darüber hinaus der Meinung, dass auch eingemeldet werden kann, wenn in den ersten drei Monaten keine Miete gezahlt worden ist und außerdem eine Betrugsanzeige gestellt worden ist. Kommt es zu einer Verurteilung, bleibt der Eintrag drei Jahre erhalten, wenn nicht, dann muss der Eintrag gelöscht werden. Ob eine unstrittige Forderung, die zweimal angemahnt worden ist, ebenfalls gespeichert werden darf, ist unter den Datenschützern umstritten.

Anders sieht es aus mit Werturteilen der Art („Achtung: XY ist faul und steht frühestens mittags auf!"): Grundsätzlich unterbinden die Datenschützer die Speicherung und Übermittlung nicht beweisbarer Informationen. Auch die Gründe für vertragswidriges Verhalten des Mieters sind in Datenbanken tabu: Also etwa Vermüllung, Tierhaltung trotz Verbots, Vandalismus oder eben ausstehende Miete.

Bei den großen Wirtschaftsauskunfteien ist es allerdings schon Praxis, dass auch „weiche" Inkassodaten aus mietfremden Bereichen in Auskünfte einfließen.

Die Datenschutzbeauftragten der Länder sehen den im jeweiligen Bundesland ansässigen Auskunfteien recht genau auf die Finger. Unter anderem werden überprüft:

- die Art des eingepflegten Datenmaterials
- die Einwilligung von Bürgern für die Speicherung ihrer Daten
- die Löschung nach gesetzlich festgelegten bzw. mit den Datenschutzbehörden ausgehandelten Fristen.

Die fortwährende Überwachung durch die Datenschutzbeauftragten hat zur Folge, dass Auskunfteien ihrerseits regelmäßig Stichproben bei ihren Vertragspartnern machen. Vor allem müssen Vertragspartner die Einwilligung zur Personenüberprüfung vorzeigen können.

So wird die Weste wieder weiß: Löschungsfristen
Daten aus öffentlichen Schuldnerverzeichnissen müssen nach drei Jahren gelöscht werden, oder wenn die Begleichung der Schuld nachgewiesen wird. Dieses Löschdatum greift automatisch durch auf Auskunfteien, die diese Daten regelmäßig übermittelt bekommen.

Auskunfteien müssen Daten nach Ablauf des vierten Jahres darauf überprüfen, ob ihre Speicherung weiter erforderlich ist. Die Schufa und Creditreform speichern Daten auch dann noch, wenn die Forderung schon beglichen ist – mit dem Argument, die Wirtschaft hätte ein berechtigtes Interesse zu erfahren, dass dieser Mensch in der Vergangenheit einen negativen Eintrag hatte. Diese Daten verschwinden also erst beim nächsten Löschungszyklus: Nach drei Jahren bei der Schufa und nach vier Jahren bei Creditreform.

Steh ich auch drin? Die Selbstauskunft
Jeder hat das Recht zu erfahren, welche Daten zum Beispiel ein Unternehmen über ihn gespeichert hat (siehe auch Kapitel 2.2.7; Schwarz auf weiß? Was Bescheinigungen taugen; S. 54 zur „Schufa-Selbstauskunft"). Wer wissen möchte, ob eine

Auskunftei Daten über ihn gespeichert hat, kann sie abfragen. Das Procedere ist unterschiedlich. Meist kostet die Abfrage einen geringen Betrag.

2.2.8.2.1 Schufa

Die Schufa war schon weiter oben Thema. Ihr Datenbestand ist gewaltig: 330 Millionen Einzeldaten zu 60 Millionen Personen. Wenn Banken eine Schufa-Auskunft einholen, dann sehen sie nicht mehr als im abgedruckten Muster über Max Mustermann (siehe Auskunft A-Vertragspartner): Er zahlt seit dem 15.2.2002 in 42 Raten einen Kredit über 12.549 Euro ab. Wo der Kredit abgezahlt wird, wird grundsätzlich nicht angezeigt.

```
Auskunft A-Vertragspartner


(R)                 SCDA - SCHUFA  COMPUTER  DIALOG  ANWENDUNG - SCDA
S C H U F A    ALLE BETRAEGE SIND EURO-WERTE
A U S K U N F T              VOM 27.05.2004   DATUM: 27.05.2004 09:07:49 UHR
                                              BERLIN            CD12345678
ANFRAGEGRUND: AK/27.05.2004/555555                              SEITE    1
AUSKUNFT UEBER
MAX MUSTERMANN 12.12.1952
12099/BERLIN/MARIENDORFER DAMM 1-3
VORANSCHR.     20097/HAMBURG/WENDENSTR. 4
GEBURTSORT     00000/BERLIN/
KREDIT         12.549/42/M/15.02.2002
GIROKONTO
CREDIT-CARD    28.01.2001
ENDE DER INFORMATION




PF1=INFO    PF2=NAECHSTE AUSKUNFT    PF3=AUSWAHLMENUE    PF9=MELDUNG AN SCHUFA
                                                        PF12=DIALOG ENDE
SCDA -  S C H U F A   C O M P U T E R   D I A L O G   A N W E N D U N G  -  M70
```

Das bekommen Banken zu sehen: die berühmte Schufa-Abfrage, hier ohne negative Merkmale *Quelle: Schufa*

Insgesamt hat die Schufa rund 5000 Vertragspartner, zum Beispiel auch Versandhäuser oder Telefonanbieter. Grundlage der Arbeit ist die Verpflichtung zur gegenseitigen Information: Alle Vertragspartner sind also gehalten, bekannt werdende Informationen in definiertem Umfang an die Schufa weiterzuleiten. Wenn ein Unternehmen einem Kunden einen Kreditvertrag kündigt (siehe auch zur Schufa-Selbstauskunft Kapitel 2.2.7; Schwarz auf weiß? Was Bescheinigungen taugen; S. 56), landet das in der Schufa-Datenbank. Außerdem werden die Datenbestände aus öffentlichen Verzeichnissen übermittelt, also etwa Eidesstattliche Versicherungen. Die Vertragspartner der Schufa können auf Wunsch auch eine Bewertung des Zahlungsausfallrisikos (Scoring) für ihre spezielle Branche erhalten – etwa das Ausfallrisiko für einen Energieversorger oder ein Handyunternehmen.

Die Auskunft, die Handel, Versandhandel und Telekommunikation, beziehen, ist hier ebenfalls abgedruckt („Auskunft B Vertragspartner"). Auch Unternehmen der Wohnungswirtschaft können solche Auskünfte beziehen. Die hier abgedruckte Musterabfrage verzeichnet „keine auskunftspflichtigen Merkmale" (Auskunft B-Vertragspartner).

```
Auskunft B-Vertragspartner


   (R)                SCDA - SCHUFA  COMPUTER  DIALOG  ANWENDUNG - SCDA
   S C H U F A   ALLE BETRAEGE SIND EURO-WERTE
   A U S K U N F T            VOM 27.05.2004   DATUM: 27.05.2004 09:12:27 UHR
                                               BERLIN          CD12345678
   ANFRAGEGRUND: AV/27.05.2004/222222                          SEITE    1
   AUSKUNFT UEBER
   MAX MUSTERMANN 12.12.1952
   12099/BERLIN/MARIENDORFER DAMM 1-3
   VORANSCHR.    20097/HAMBURG/WENDENSTR. 4
   GEBURTSORT    00000/BERLIN/
   .KEINE AUSKUNFTSPFLICHTIGEN MERKMALE *




   PF1=INFO    PF2=NAECHSTE AUSKUNFT    PF3=AUSWAHLMENUE    PF9=MELDUNG AN SCHUFA
                                                           PF12=DIALOG ENDE
   SCDA -  S C H U F A   C O M P U T E R   D I A L O G   A N W E N D U N G  - M70
```

„Keine auskunftspflichtigen Merkmale": Positive Schufa-Auskunft für Unternehmen, die keine Bank sind *Quelle: Schufa*

Die anfallenden Gebühren richten sich nach den jeweiligen Verträgen, die ein Abnehmer mit der Schufa hat.

Den Versuch, ein eigenes Auskunftssystem nur für Vermieter auf die Beine zu stellen, hat die Schufa nach Einwänden des Bundesdatenschutzbeauftragten offenbar eingestellt.

2.2.8.2.2 InfoScore / SolvenzCheck

Die Auskunftei InfoScore Consumer Data GmbH greift zum großen Teil auf die Daten des Inkassounternehmens derselben Firmengruppe zurück. Dieser Inkassodienst wird für viele große Firmen tätig: für Versandhäuser und E-Commerce-Anbieter, für Telekommunikationsunternehmen, Versicherungen, Finanzdienstleister und den Immobiliensektor. Haus & Grund-Verbände und darüber viele angeschlossene Orts-vereine nutzen die Abfrage von InfoScore unter dem Namen SolvenzCheck.

In der Datenbank sind rund 40 Millionen Informationen über 7,3 Millionen Personen gespeichert. Die Informationen über Verbraucher sind sehr detailliert. Das weichste Merkmal bei InfoScore ist die Einleitung eines Inkasso-Mahnverfahrens. Die „mitt-leren" Merkmale – Beispiel Zwangsvollstreckung – gehören schon zum Gerichtsbe-reich. Die „harten" Merkmale über Verbraucher entnimmt InfoScore öffentlichen Schuldnerverzeichnissen und dem Bundesanzeiger. Hierzu gehört etwa die Eides-stattliche Versicherung und verschiedenste Stufen des Insolvenz- bzw. Konkurs- oder Vergleichsverfahrens.

Warnsignal: Typische Verschuldungskarrieren
Negative Merkmale aus Inkassoverfahren können schon frühzeitig Zahlungsrisiken identifizieren. Die Erfahrung zeigt, dass es bestimmte, immer wiederkehrende Verschuldungsentwicklungen gibt: Dem Inkasso fürs Schwarzfahren folgen Forde-rungen fürs Pay TV und in der Folge Versandhäuser, Telefon und Handy, Energiever-sorger, Versicherer und Banken. „Weiche" Merkmale können ein frühes Warnsignal sein, lange vor einer Eidesstattlichen Versicherung. Die Entwicklung der Negativ-quote zeigt, dass auch eigentlich branchenfremde Zahlungsstörungen bei der Über-prüfung von Mietinteressenten sinnvoll sein können.

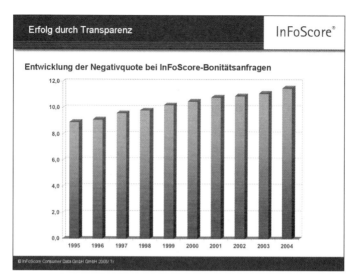

Trefferquote steigt: Entwicklung der negativen Ergebnisse bei InfoScore-Bonitätsanfragen
Quelle: InfoScore

Verschiedene örtliche Haus- und Grundeigentümervereine, darunter viele, die den Landesverbänden von Haus & Grund angeschlossen sind, bieten die Bonitätsprüfung von InfoScore unter dem Namen SolvenzCheck oder Haus & Grund Bonitätsprüfung an. Vermieter können über ihre örtliche Geschäftsstelle eine Abfrage starten. Sie müssen den Bewerberbogen des Mietinteressenten samt seiner Zustimmung vorzeigen bzw. faxen. Vor allem Kleinvermieter ohne eigenen Zugang zu großen Auskunfteien haben damit eine ausgezeichnete Entscheidungshilfe in der Hand.
Eine Unschärfefunktion bei der Abfrage berücksichtigt auch Eingabe- bzw. Schreibfehler. Wenn also keine Person desselben Namens, wohl aber eine mit ähnlich klingendem Namen unter einer bestimmten Adresse bzw. mit dem angegebenen Geburtsdatum gespeichert ist, wird darauf hingewiesen und um eine Präzisierung der Daten gebeten. Die ähnlichen Namen werden allerdings nicht ausgeworfen. In diesem Fall müssen die Angaben noch einmal überprüft werden.

Wer seinen Mietinteressenten über Haus & Grund einem SolvenzCheck unterzieht, erhält in der Regel innerhalb von 24 Stunden eine Antwort. Sie enthält nicht die konkreten Einträge, sondern eine Einschätzung, die die Experten von Haus & Grund auf Grund der Daten und ihrer eigenen Erfahrung treffen: Ein einzelnes weiches negatives Merkmal rechtfertigt es übrigens laut Haus & Grund noch nicht, generell von einer Vermietung abzusehen.

InFoScore®

Kunde	Haus und Grund
Benutzer	▓▓▓▓▓
Produkt	40440: Bonitätsprüfung Privatpersonen + Adress-Verifizierung
Datenbankanbieter	ICD
Datum	▓▓.▓▓.2005 ▓▓:▓▓

Anfrageergebnis

Kurzbericht -
Angefragte Person/Firma
◆ HERR ▓▓▓▓▓▓▓▓▓▓▓▓▓▓▓▓▓▓▓▓▓▓▓▓▓▓
Ergebnis Bonitätsprüfung

◆ IWP

Anfrageergebnis - 1 von 2
Ausgewähltes Produkt

◆ **40440: Bonitätsprüfung Privatpersonen + Adress-Verifizierung**

Angefragte Person/Firma

◆ ▓▓▓▓▓▓▓▓▓▓▓▓▓▓▓▓▓▓▓▓▓▓▓▓▓▓▓

Ergebnis Bonitätsprüfung

◆ **Ergebnisdaten Ref.-Nr.**

▓▓▓▓▓▓▓▓
▓▓▓▓▓▓▓▓
▓▓▓▓▓▓
▓▓▓▓▓

Merkmal	Datum	Aktenzeichen	Erledigung	Hauptforderung
◆ IWP	17.▓▓.▓▓▓	▓▓▓▓▓		
◆ IBE	15.▓▓.▓▓▓	▓▓▓▓▓		
◆ EV	27.▓▓.▓▓▓	▓▓▓▓▓		
◆ UF	04.▓▓.▓▓▓	▓▓▓▓▓		96.12 €
◆ LP	29.▓▓.▓▓▓	▓▓▓▓▓		1316.33 €
◆ AM	11.▓▓.▓▓▓			97.72 €
◆ IA	18.▓▓.▓▓▓			87.19 €

Anfrageergebnis mit Negativmerkmalen von „hart" bis „weich", aus denen Haus & Grund eine Empfehlung an die Mitglieder formuliert:
Oben Merkmale aus der Kategorie der „harten Negativmerkmale": IWP: Aufhebung des Insolvenzvefahrens / Beginn der Wohlverhaltensperiode, IBE: Beschluss zur Eröffnung des Insolvenzverfahrens, EV: Eidesstattliche Versicherung, also der Eintrag ins Schuldnerverzeichnis.
Dann folgen „mittlere Negativmerkmale", also Daten aus Inkassoverfahren im gerichtlichen Bereich: UF: uneinbringliche, titulierte Forderung, LP: Lohnpfändung.
Schließlich „weiche Negativmerkmale" aus dem vorgerichtlichen Bereich des Inkassoverfahrens: AM: Fortlauf des außergerichtlichen Inkasso-Mahnverfahrens nach Teil- bzw. bei Ratenzahlung, IA: Inkasso-Mahnverfahren eingeleitet.
Fachleute bei Haus & Grund beurteilen ein solches Abfrageergebnis und sprechen ihren Mitgliedern dann eine Empfehlung aus. Wenn härtere Merkmale vorhanden sind, werden die Mitglieder darauf aufmerksam gemacht. Weiche Merkmale reichen dazu grundsätzlich nicht aus.

2.2.8.2.3 Creditreform

Rund 17 Millionen Privatpersonen sind bei Creditreform gespeichert, somit etwa jeder fünfte Bürger. Über sieben Millionen Personen liegen Negativmerkmale vor, davon etwa für 2,6 Millionen harte Negativmerkmale – also von einer Eidesstattlichen Versicherung an aufwärts. Einen Namen hat sich Creditreform vor allem für Auskünfte über Firmen erworben.

Das Rückgrat der Informationen ist auch bei Creditreform das hauseigene Inkassounternehmen. Nach eigenen Angaben betreut Creditreform bundesweit von der Menge her die meisten Inkassofälle, womit naturgemäß Daten über viele Privatpersonen vorliegen. Aber es werden auch öffentlich zugängliche Daten, etwa aus Schuldnerverzeichnissen, eingepflegt.

2003 bestand Creditreform aus rund 130 rechtlich selbstständigen Vereinen in ganz Deutschland. Diese betreuen 130.000 Mitglieder, unter anderem Telefonanbieter, Versandhäuser, aber auch TV-Shopping-Firmen. Auch hier können die Mitglieder Daten einmelden, wobei nur unbestrittene Forderungen in der Datenbank landen. Creditreform prüft nach eigenen Angaben nach, wenn ein Großanbieter säumige Zahler meldet.

Mitglied zu werden kostet rund 40 Euro im Monat durchschnittlich und dürfte sich damit eher für Unternehmen einer gewissen Größe lohnen. Die schriftliche Einzelauskunft ist für 30 Euro zu haben, wobei es auch Mengenrabatte gibt. Viele Wohnungsunternehmen sind angeschlossen bei Creditreform.

2.2.8.2.4 Bürgel

Die Auskunftei Bürgel greift unter anderem auf Zahlungserfahrungen des eigenen Inkassodienstes und anderer Inkassounternehmen zurück, wobei auch positive Zahlungsmerkmale in eine Bewertung einfließen, also die besonders pünktliche Begleichung von Rechnungen. Auch Bürgel hat Vertragspartner in verschiedene Branchen. Die zentrale Datenbank in Hamburg enthält Wirtschaftsinformationen und Bonitätsauskünfte zu 3,5 Millionen Unternehmen und 32 Millionen Privatpersonen.

So wie die anderen Auskunfteien bietet Bürgel mehrere Dienstleistungen. Vermieter dürfte am ehesten die Auskunftsart ConCheck (Consumercheck) interessieren. Dabei wird das Zahlungsausfallrisiko mit Schulnoten von eins bis sechs bewertet, jeweils verbunden mit der Ampelfarbe grün, gelb und rot. Details werden nicht genannt. Bei einem Score von 1,0 bis 2,4 heißt es: „Wir schätzen das Zahlungsausfallrisiko niedrig ein.", Bei Scores zwischen 2,5 und 4,9 „Wir schätzen das Zahlungsausfallrisiko mittel (bzw. erhöht) ein." Scores zwischen fünf und sechs werden kommentiert mit: „Uns liegen Negativmerkmale vor."

Versteht jeder: Ampelfarben signalisieren „freie Fahrt" oder „Stopp!" *Quelle: Bürgel*

Eine andere Auskunftsart listet überdies die Art der gefundenen Zahlungsrisiken und das entsprechende Aktenzeichen auf.

Zusatzinformationen über die Art der Negativmerkmale: eine teurere Abfrageart von Bürgel

Privatvermieter: Lösung für Kleinabnehmer

Diese Auskünfte erhalten allerdings nur Vertragspartner, die online über eine Schnittstelle mit Bürgel verbunden sind – also in der Regel Großkunden. Für Klein- und Kleinstvermieter ist es sinnvoller, eine telefonische oder schriftliche Anfrage zu Mietinteressenten an Bürgel zu richten. Über eine 01805-Nummer wird man dann mit einer regionalen Bürgel-Vertretung verbunden. Natürlich muss man auch hier sein berechtigtes Interesse glaubhaft machen. Die Antwort enthält:

- Angaben zur Finanzlage der Person mit positiven und negativen Merkmalen
- die Anzahl der Negativmerkmale
- das Datum des letzten negativen Eintrags
- die Bankverbindung der Person.

Je nach regionalem Franchise-Nehmer unterscheiden sich die Preise für eine solche Einzelauskunft. Sie liegen laut Bürgel zwischen 7 und 12 Euro.

2.2.9 Negativer Eintrag – was dann?

Für mich ist ein Mietverhältnis so etwas wie ein Vertrauensverhältnis. Wer vor zwei Jahren eine Eidesstattliche Versicherung geleistet hat und er gibt es im Bewerberbogen an, den würde ich nehmen. Wenn mir jemand so etwas verschweigt, gerade letzte Woche ist es wieder passiert, dann ist das Thema für mich gegessen.
Frank Rink, Verwalter von 1000 Einheiten

Es kommt nicht nur darauf an, ob jemand die Miete zahlen kann. Es kommt vor allem darauf an, ob er auch zahlen will. Ob ein Bewerber den Willen hat, seinen vertraglichen Verpflichtungen nachzukommen, kann ein Vermieter sehr gut danach beurteilen, ob er den Bewerberbogen wahrheitsgemäß ausfüllt.

Nach allem, was die Recherche zu diesem Buch ergeben hat, sind bei Mietnomaden Lüge und Betrug zum Überlebensprinzip geworden. Sie verstricken sich immer tiefer darin.

Erstaunlicherweise rechnen immer wieder Bewerber damit, dass ihre Angaben nicht überprüft werden. Und das, obwohl sie in der Selbstauskunft unterschreiben, dass sie mit einer Überprüfung durch eine namentlich genannte Wirtschaftsauskunftei einverstanden sind. Wer eine Eidesstattliche Versicherung, eine Haftanordnung oder ähnliches verschweigt, an den sollten Sie nicht vermieten, weil das erforderliche Vertrauensverhältnis schon vor Vertragsschluss untergraben ist.

Allein 2004 hat mehr als eine Millionen Menschen in Deutschland die Eidesstattliche Versicherung (Offenbarungseid) abgelegt. Natürlich brauchen auch diese Menschen ein Dach über dem Kopf, das nötigenfalls auch subventioniert wird (siehe Kapitel 4.3.2 bis 4.3.4; S. 87ff. und Kapitel 5.3.1; S. 104ff.). Ein informierter Vermieter kann seinem Mieter eventuell dabei sogar auf die Sprünge helfen.

2.2.10 CHECKLISTE MIETERPRÜFUNG

▶ Bewerberbogen ausgefüllt und unterschrieben?
Wenn nein, sollte von Vermietung abgesehen werden

▶ Ausweis / Pass kopieren (keinen Führerschein akzeptieren)

▶ Gehaltsbescheinigung oder Lohnbescheinigung, Rentenbescheid, Kostenübernahmebescheid o.ä.

▶ Günstigen Zeitpunkt für Wohnungsbesichtigung festlegen (wenig Lärm)

▶ Bei Wohnungsbesichtigung Interessenten nicht mit Bewohnern allein lassen

▶ Mietergespräch: Sind Angaben in sich stimmig?
Werden scheinbare Widersprüche befriedigend aufgelöst?

▶ Zeitrahmen: Wann wollen Mieter einziehen?
Machen sie Druck?
Warum? (Ggf. Angaben überprüfen bei Nachbarn etc.)

▶ Bei Besuch in Mieterwohnung:
War die Klingel kaputt, wurde Vermieter draußen erwartet bzw.
gebeten, sich mit Handy zu melden statt zu klingeln?
Sind Namensschilder abmontiert?
Weisen Umstände in Mieterwohnung auf Unstimmigkeiten hin?

▶ Fakten selbst überprüfen (z.b. Vorvermieter, Nachbarn, Internet)

▶ Harte Fakten überprüfen
ggf. Beschäftigung durch Arbeitgeber bestätigen lassen
Abfrage über Auskunftei (dieser Punkt ist mit der wichtigste)

2.3 Risiken minimieren: Vom Mietvertrag zur Schlüsselübergabe

2.3.1 Mietvertrag: Nicht so einfach, wie man denkt

Faustregel: Wer unterschreibt, der bleibt
Ein bewährter Grundsatz vieler Vermieter ist: Alle Bewohner der Wohnung über 18 sollten auch im Mietvertrag stehen. Häufig wissen Vermieter nicht, wer alles in der Wohnung lebt, weil sie bei der Vertragsgestaltung nachlässig waren. Wenn aber die Person in der Wohnung unbekannt ist, kann sie nicht zwangsgeräumt werden. Ein Extremfall zwar, aber bei Mietnomaden ist die Zwangsräumung häufig.

Der Hauptgrund dafür, alle Bewohner über 18 unterschreiben zu lassen, ist jedoch: Damit haften alle gesamtschuldnerisch. Mit anderen Worten: Jeder einzelne haftet für den vollen Betrag. Das ist in vielen Fällen vorteilhaft, denn im Zweifelsfall ist bei zwei oder drei Personen mehr zu holen als nur bei einer. Aber die Aufnahme aller Bewohner in den Vertrag stärkt die Vermieter-Position auch noch aus einem anderen Grund: Bei vielen Paaren zum Beispiel verdienen beide Partner, so dass sie sich gemeinsam die Miete leisten können. Einer allein wäre damit überfordert. Wenn nun einer der Partner ausziehen möchte, so kann er nicht einfach allein den Vertrag kündigen. Beide Partner haben unterschrieben, darum müssen auch beide gemeinsam kündigen. Der Vermieter hat es dann in der Hand, mit einem der beiden einen neuen Vertrag zu schließen, wenn er glaubt, dass er die Miete auch allein tragen können wird. Aber er kann es auch ablehnen, wenn er daran zweifelt – was nach Trennungen oft der Fall sein wird.

Wenn zwei 20-jährige zusammenziehen und beide vorher bei ihren Eltern gewohnt haben, dann geht das mit einiger Wahrscheinlichkeit wieder auseinander. Für mich bedeutet das ein größeres Risiko. Da achte ich schon darauf, dass eventuell einer allein die Miete wird tragen können. Oder aber: Ich nehme einen Elternteil mit in den Vertrag hinein. Wer im Mietvertrag steht, braucht ja nicht unbedingt einzuziehen. Personalausweis und Gehaltsbescheinigung von Vater oder Mutter lasse ich mir natürlich zeigen. Die Konstruktion, einen Elternteil mit in den Vertrag aufzunehmen[1], ist auch sinnvoll bei Paaren, bei denen er zum Beispiel

---

1 Anmerkung: Dies geschieht am einfachsten, indem man im Mietvertrag einfach einen Elternteil als Mieter hinzusetzt.

Azubi ist und sie studiert. Sie ist viel effektiver als eine Elternbürgschaft, die nicht mehr als drei Monatsmieten abdeckt, und hat sich bei uns außerordentlich bewährt.
Frank Rink, Verwalter von rund 1000 Wohneinheiten

Sicherer: Mit Brief und Siegel

Schon zuvor wurde es angesprochen: Schließen Sie unbedingt einen schriftlichen Mietvertrag ab. Das ist schon mal – im wahrsten Sinne des Wortes – die halbe Miete. Er erleichtert Ihnen Ihre Beweispflichten vor Gericht, wenn Sie die Mietzahlung einklagen, dem Mieter kündigen wollen oder die Räumung betreiben. Wer keinen Mietvertrag in der Hand hat, kann noch nicht einmal nachweisen, dass überhaupt ein Mietzins vereinbart wurde. Bei Mietbetrügern ist das fatal, denn oftmals zahlen diese kein einziges Mal die Miete: Es gibt auch keine Zahlungseingänge und keinen Verwendungszweck, aus dem sich die monatliche Miethöhe nachweisen ließe. So lässt sich noch nicht einmal eine Forderung einklagen. Ein weiterer Nachteil des mündlichen Mietvertrags: Es gelten generell die sehr mieterfreundlichen gesetzlichen Bestimmungen. Danach können Sie dem Mieter frühestens nach einem Jahr kündigen (§ 550 BGB). Wie der Mietvertrag aussehen soll, ist ein komplexes Thema. Da es nur indirekt Berührungspunkte mit dem Thema „Mietbetrüger" hat, wird es hier nur kurz gestreift.

Kein überflüssiger Luxus: Die neuesten Vertragsformulare

Auf mehr oder weniger dubiosen Internetseiten und an anderen Orten finden sich zahlreiche so genannte „Einheitsmietverträge" über Wohnraum, die übrigens alles andere als einheitlich sind. Lassen Sie im die Finger davon, sondern besorgen Sie sich die aktuellsten Vertragsformulare von Haus & Grund. Diese können Sie auch immer häufiger auf den Internet-Seiten von Haus & Grund-Verbänden aufrufen, ausfüllen und herunterladen. Sie werden immer auf dem neuesten Stand gehalten und enthalten im Zweifelsfall die für Vermieter etwas elegantere Formulierung. Und: Aktuelle Vertragsformulare aus guter Quelle bieten die Gewähr, dass die aktuelle Gesetzeslage und Rechtsprechung darin berücksichtigt sind.

> Mit einer Mietvertrags-Klausel, wonach Empfänger von Sozialleistungen (z.B. Sozialhilfe oder Arbeitslosengeld 2) den Vermieter ermächtigen, die Leistung direkt vom Träger überwiesen zu bekommen, erhöht sich die Sicherheit für den Vermieter.

Warum? Gerade in letzter Zeit hat sich einerseits das Mietrecht stark geändert. Außerdem ist die Rechtsprechung in Bewegung. Immer wieder erklären Gerichte typische Formularvertrags-Klauseln, die zunächst vor Gericht jahrelang Bestand hatten, für nichtig, also für ungültig. Der übrige Vertrag gilt in der Regel zwar trotzdem, denn dafür sorgt in fast allen Formularverträgen eine entsprechende Klausel. Das große Problem für Vermieter liegt darin, dass automatisch die mieterfreundlichen gesetzlichen Bestimmungen zu bestimmten Fragen in Kraft treten, wenn nur eine einzige Klausel zu diesem Themenkomplex nichtig ist. Das gilt übrigens auch, wenn zwei Vertragsbestandteile einander widersprechen, bei unklaren Bestimmungen, oder wenn nichts geregelt ist.

Keine Nebensache: Einige zusätzliche Regelungen
Über die umlagefähigen Betriebskosten und die Betriebskostenvorauszahlungen sollte unbedingt eine Regelung getroffen werden. Denn sonst gelten die Betriebskosten als mit der Miete abgegolten.

Die Vertragsformulare von Haus & Grund enthalten auch eine Regelung dafür, wer für wen welche Erklärungen abgeben und entgegennehmen darf. Damit gilt zum Beispiel die Kündigung, die der Vermieter einem seiner Mieter übergibt, auch dem Partner, der mit im Mietvertrag steht und dem ebenfalls gekündigt wird, als zugestellt. Der andere kann sich dann nicht darauf berufen, dass er die Kündigung nicht erhalten habe. Die Vertragsformulare von Haus & Grund lassen nur ein wenig Raum für Zusatzvereinbarungen. Stattdessen können zutreffende Varianten in dem Mietvertrag angekreuzt werden. Auf diese Weise wird sichergestellt, dass Vermieter nicht durch eigene Formulierungen die Regelungen im Mietvertrag ungültig machen.

Seit der Mietrechtsreform vom 1.9.2001 ist die Miete grundsätzlich zum dritten Werktag des Monats fällig, das heißt: Der Mieter muss das Geld bis zu dem Tag auf den Weg gebracht haben. In älteren Verträgen musste eine solche Regelung explizit getroffen sein, da ansonsten die Fälligkeit der Miete gesetzlich für das Ende eines Monats angeordnet war. Fehlt eine solche Regelung, kann der Mieter bei Altverträgen auch weiterhin die Miete zum Monatsende zahlen.

Gut vorbereitet: Der Vertragsabschluss
Zur Unterschrift unter den Mietvertrag sollten Sie zwei ausgefüllte Exemplare bereithalten. Nur noch Namen und bisherige Anschrift werden dann eingetragen. Damit Sie jetzt und in Zukunft wissen, mit wem Sie es zu tun haben, sollten spätestens jetzt die Daten unbedingt mit Ausweis oder Pass – nicht mit dem Führerschein – abgeglichen werden. Überprüfen Sie folgende Angaben auf Richtigkeit:

- Name und bisherige Anschrift
- Geburtsdatum und –ort
- Pass- oder Ausweisnummer
- am besten auch die ausstellende Behörde

Die Angaben vor der Unterschrift kurz zu vergleichen, kann auch dann nicht schaden, wenn Sie den Ausweis ohnehin auf den Kopierer legen. Denn ein Mietbetrüger in Serie könnte Ihnen in dieser Situation den Ausweis eines anderen unterjubeln. Auf keinen Fall sollten die Mieter schon jetzt die Schlüssel erhalten, denn es ist außerordentlich langwierig und kompliziert, jemanden aus der Wohnung herauszubekommen, der schon im Besitz der Schlüssel ist, dem damit also die Wohnung übergeben wurde.

Noch schnell was aufgesetzt: Nachträgliche Schriftform
Ein schriftlicher Mietvertrag bietet dem Vermieter entscheidende Vorteile gegenüber einer mündlichen Vereinbarung. Wer im Nachhinein etwas Schriftliches mit seinen Mietern aufsetzen will, sollte sich im Vertragstext oder Anschreiben nicht auf den bisher mündlich geschlossenen Mietvertrag berufen. Denn damit wird der ursprünglich mündlich geschlossene Vertrag zementiert.

2.3.2 Für den Fall der Fälle: Kaution und Co.

Die Kaution sichert den Vermieter vor allem für den Fall ab, dass am Ende des Mietverhältnisses noch Forderungen offen stehen. Dabei kann es sich um ausstehende Mieten oder Betriebskosten handeln, aber auch um alle sonstigen Zahlungsansprüche aus dem Mietverhältnis. Oftmals muss die Kaution beispielsweise eingesetzt werden, um Schäden am Haus oder der Wohnung zu reparieren, nachdem das Mietverhältnis beendet ist. Grundsätzlich ist der Vermieter mit einer Barkaution weitaus am besten abgesichert, weniger sicher sind die Bürgschaft und das verpfändete Sparbuch. Im Fall des Falles wird der Vermieter Schwierigkeiten haben, an sein Geld zu kommen. Es gibt noch weitere Formen der Absicherung, von denen stärkstens abzuraten ist: Etwa, die Abtretung des Arbeitslohns. Der Vermieter könnte damit ins Leere laufen, wenn nämlich der Mieter gar nicht mehr bei diesem Arbeitgeber beschäftigt ist.

2.3.2.1 Sicherer geht's nicht: Die Barkaution

Weil kein Gesetz den Mieter verpflichtet, eine Kaution für Mietwohnraum zu zahlen, muss ein Vermieter die Leistung einer Kaution mit seinem Mieter vertraglich vereinbaren. Dies ist unbedingt zu empfehlen. Die Formularmietverträge von Haus & Grund enthalten alle eine entsprechende Regelung. Die Bestimmungen über die Kaution (§ 551 BGB) setzen eine solche Vereinbarung zwischen Mieter und Vermieter bereits voraus und enthalten Beschränkungen der Vertragsfreiheit zum Schutz des Mieters.

Wenn die Kautionsleistung vertraglich vereinbart worden ist, müssen sich Vermieter und Mieter nur noch darüber einigen, wie die Kaution zu zahlen ist. Die Höhe der Mietkaution ist nach § 551 BGB auf drei Monatsmieten begrenzt. Wird eine Barkaution vereinbart, hat der Mieter das Recht, diese in drei Monatsraten zu zahlen. Die erste Rate einer Barkaution ist mit dem Beginn des Mietverhältnisses fällig. Dabei ist unbedingt darauf zu achten, dass die erste Rate der Kaution gezahlt sein sollte, falls der Vermieter dem Mieter die Wohnungsschlüssel vor dem im Mietvertrag genannten Termin übergibt.

Eine Barkaution ist auf ein Treuhandkonto bei einem Kreditinstitut zu einem für Spareinlagen mit dreimonatiger Kündigungsfrist üblichen Zinssatz anzulegen (§ 551 Abs. 3 Satz 1 BGB). Dabei sollte das Sparbuch unbedingt auf den Namen des Vermieters lauten. Denn nur auf diese Weise ist sichergestellt, dass der Vermieter über die geleistete Sicherheit verfügen kann, ohne hier Einsprüchen des Mieters ausgesetzt zu sein.

2.3.2.2 Keine gute Lösung: Das verpfändete Sparbuch

Um bessere Zinsen zu erzielen, bieten Mieter oftmals an, die Kaution selbst auf einem Sparbuch oder in einem anderen festverzinslichen Wertpapier anzulegen, um es dann an den Vermieter zu verpfänden. Wir raten von dieser Art der Sicherheitsleistung dringend ab, da sie für den Vermieter etliche Nachteile mit sich bringt: Hat der Mieter ein Kautionssparbuch an den Vermieter verpfändet, so muss der Vermieter meist einen Monat warten, bis er über das Guthaben verfügen kann. Häufig ist in der Verpfändungsurkunde der Bank vermerkt, dass die Bank zuvor den Mieter vom Vorhaben des Vermieters schriftlich zu unterrichten hat. Nun kann der Mieter dagegen Einspruch einlegen, so dass es ggf. zu einer gerichtlichen Auseinandersetzung für die Auszahlung des Sparkontos kommt. Auf diese Weise wird der Sicherungszweck der Kaution vereitelt.

2.3.2.3 Sicherheit mit Risiko: Die Bürgschaft

Häufig haben Mieter nicht das nötige Bargeld, um eine Barkaution – sei es auch in drei Monatsraten – zu leisten. Diesem Argument können sich Vermieter in der Regel nicht entziehen. In den meisten Fällen wird noch ein Mietverhältnis bei einem anderen Vermieter bestehen, aus dem die Kaution noch nicht abgerechnet ist. Daher einigen sich Mieter und Vermieter immer häufiger, statt einer Barkaution eine Bürgschaft als Sicherheit zu vereinbaren. Diese Alternative hat im Verhältnis zu einer Barkaution für den Vermieter Nachteile und ist je nach Gestaltung der Bürgschaftserklärung in der mietvertraglichen Kautionsklausel auch gefährlicher.

Eine Bürgschaft von Angehörigen des Mieters, insbesondere durch Ehegatten, ist nicht akzeptabel. Zum einen können solche Bürgschaften im Falle eines finanziell stark überforderten Bürgen nichtig sein, andererseits ist auch die Zahlungsfähigkeit des Bürgen in keiner Weise gesichert. Studenten präsentieren gern die Elternbürgschaft, wobei sie allein kein Beweis dafür ist, dass die Eltern auch tatsächlich solvent sind. Bei anderen Mietergruppen als Studenten können Hauseigentümer zu Recht fragen, warum die Eltern den Umweg über die Bürgschaft gehen, statt das Geld einfach auf den Tisch zu legen, damit es dann angelegt werden kann. Im allgemeinen kommt eine Bürgschaft als Kaution nur von einer Sparkasse oder einer Bank in Betracht.

Hart verhandeln mit der Bank

Eine Bankbürgschaft bedarf allerdings unbedingt besonderer Vereinbarungen, will der Vermieter nicht am Ende leer ausgehen. Normalerweise kann der Bürge die Befriedigung des Gläubigers verweigern, solange dieser nicht eine Zwangsvollstreckung gegen den Hauptschuldner ohne Erfolg versucht hat: Das dürfte oftmals aussichtslos sein, kostet aber vor allem Zeit. Auf dieses Recht – die so genannte „Einrede der Vorausklage" – muss die bürgende Bank verzichten, wenn die Bürgschaft für den Vermieter überhaupt praktischen Nutzen haben soll. Dies geschieht dadurch, dass der Bürge, also in diesem Fall das Kreditinstitut, eine „selbstschuldnerische Bürgschaft auf erstes Anfordern" stellt. Nun ist es erforderlich, dass der Bürge auf das Recht zur ordentlichen Kündigung des Bürgschaftsvertrags bis zum Ablauf von sechs Monaten nach Rückgabe der Mietsache verzichtet. Anderenfalls hat der Bürge das Recht, mit der Frist zu kündigen, mit der der Vermieter den Mietvertrag kündigen kann. Häufig behalten sich die Banken in ihren allgemeinen Geschäftsbedingungen vor, aus wichtigem Grund zu kündigen. Eine erhebliche Verschlechterung der Vermögenslage des Mieters als Hauptschuldner erfüllt einen solchen wichtigen

Kündigungsgrund (OLG Düsseldorf, 25.02199, 10 U 117/98) – mit der Konsequenz, dass der Vermieter auf seinen Forderungen sitzen bleibt.

Selbstschuldnerische Bürgschaft

Mietvertragsparteien:_____

_____

Mietobjekt:_____

_____

Datum des Mietvertragsabschlusses:_____

Dies vorausgeschickt, übernehmen wir / übernehme ich* die selbstschuldnerische Bürgschaft gegenüber

_____

_____(Vermieter)

für Verbindlichkeiten des_____

_____(Mieters)

aus dem oben angegebenen Mietvertrag für sämtliche Ansprüche aus dem Mietverhältnis einschließlich seiner Beendigung, insbesondere Miete einschließlich Betriebskosten, Mehrwertsteuer, Kaution, Schadenersatzansprüche, Ansprüche auf Nutzungsentschädigung, Verzugszinsen, Kosten der Rechtsverfolgung und der Zwangsvollstreckung, einschließlich eventueller Mieterhöhungen, auch bei Verlängerungen des Mietvertrages. Der Bürge verzichtet auf das Recht zur Kündigung während der gesamten Vertragslaufzeit des Mietvertrages sowie für sechs Monate nach Beendigung des Mietverhältnisses bzw. der Nutzung durch die Mietpartei. Die Bürgschaft ist unbefristet.
Rechte aus der Bürgschaft gehen auf einen Erwerber des Grundstückes oder bei einem Vermieterwechsel durch Gesetz oder Rechtsgeschäft auf die Person des neuen Vermieters über.
Wir verpflichten uns / ich verpflichte mich* zur Zahlung **auf erstes Anfordern.**

Dies bedeutet, dass ich verpflichtet bin, an den Gläubiger zu zahlen, wenn dieser mir schriftlich mitteilt, welchen Zahlungsanspruch er gegen den Hauptschuldner nach Grund und Höhe hat. Einwendungen und Streitfragen tatsächlicher und rechtlicher Art aus dem Mietverhältnis zwischen Hauptschuldner und Gläubiger, deren Beantwortung sich nicht von selbst ergibt, und die nicht unstreitig oder rechtskräftig geklärt sind, bleiben einem eventuellen Rückforderungsprozess zwischen Bürgen und Gläubiger vorbehalten.

_____
Ort, Datum, **Unterschrift**

_____
* Bitte Nichtzutreffendes streichen

Schlau sein: Bei der Bürgschaft gilt es einige Fallstricke zu umgehen

Es gibt noch eine weitere Möglichkeit, mit der sich der Bürge von seiner Verpflichtung befreien kann: Wenn der Vermieter Geld von ihm sehen will, kann er den Bürgschaftsbetrag auch beim Amtsgericht hinterlegen. Auch in diesem Fall würde der Vermieter kein Geld erhalten.

Die Bürgschaft hat noch einen weiteren Nachteil, und zwar auch für den Mieter: Ein gutes Argument, den Mietinteressenten vielleicht doch noch von der Barkaution zu überzeugen: Bei der Bürgschaft kann der Vermieter dem Mieter nämlich keine Teilbeträge zurückzahlen. Daraus ergibt sich, dass er auch keinen Teilbetrag als Sicherheit einbehalten kann, wenn zum Beispiel die Betriebskostenabrechnung noch erstellt werden muss oder wenn zunächst vom Mieter verursachte Schäden behoben werden müssen. Diesen Nachteil hat übrigens auch eine andere Art der Sicherheitsleistung: das auf den Namen des Mieters angelegte, aber an den Vermieter verpfändete Sparbuch.

Aus all diesen Gründen sollten Vermieter Bürgschaften als Kautionsform nur in Ausnahmefällen akzeptieren. Wenn sie sich aber schon auf die Bürgschaft eingelassen haben, sollten sie möglichst mit ihrem Mieter vereinbaren, dass der nach einer bestimmten Zeit eine Barkaution leistet. In der Regel wird dies möglich sein, sobald der Mieter die Kaution aus seinem früheren Mietverhältnis zurück bekommen hat.

Wenn die Kaution nicht eingeht

Erfüllt der Mieter seine Leistung aus der Kautionsvereinbarung nicht, kann der Vermieter auf Erfüllung klagen bzw. den Anspruch durch einen gerichtlichen Mahnbescheid geltend machen. Zur fristlosen Kündigung ist der Vermieter bei Wohnraum nicht berechtigt. Allein die Nichtzahlung der Kaution macht die Fortsetzung des Mietverhältnisses für den Vermieter nicht unzumutbar (LG Köln, WuM 1993 604, LG Bielefeld, WuM 1992, 124).

2.3.3 Schlüssel-Erlebnis:
Nie ohne Kaution und erste Monatsmiete

Kaution, erste Monatsmiete, Schlüssel: Ein einfacher Grundsatz, der so manchem Vermieter einen fünfstelligen Schaden erspart hätte – wenn er ihn denn beherzigt hätte. Solange der Mieter noch nicht den Schlüssel in der Hand hat, ist der Vermieter in der „Schlüsselstellung". Erst mit der Schlüsselübergabe verliert er seine starke Position. Wer also er seinen künftigen Mieter einziehen lässt, obwohl er bisher kein Geld bekommen hat, handelt leichtfertig. Das Gesetz sieht vor, dass die erste Monatsmiete und zumindest die erste Kautionsrate zum Beginn des Mietverhältnisses fällig sind (§ 551 BGB).

Auch für den Fall, dass die Mieter erst dann einziehen, wenn das Mietverhältnis eigentlich schon läuft, also zum Beispiel einige Tage nach dem Monatsersten, sollte der Vermieter unbedingt sein Geld einfordern.

Das Gleiche gilt, wenn der Mieter schon vorher in die Wohnung gelassen wird, etwa um zu renovieren. Viele Vermieter lassen sich hier übertölpeln. Dabei haben sie guten Grund, auch in diesem Fall die erste Miete und zumindest die erste Kautionsrate einzufordern: Denn der Mieter hat ja den Vorteil, dass er vorher in die Wohnung kann – in aller Regel mietfrei, bis das Mietverhältnis beginnt.

Wer im Besitz einer Sache ist, bei dem geht das Gesetz grundsätzlich davon aus, dass das auch so gewollt ist. Diese Vermutung gilt auch für einen Wohnungs- oder Hausbewohner, der bereits den Wohnungsschlüssel hat und eingezogen ist – völlig unabhängig davon, ob überhaupt ein Mietvertrag existiert oder ob Kaution oder Miete gezahlt worden sind. Vor Gericht ist es schwierig, einem solchen Mieter „verbotene Eigenmacht" nachzuweisen. Um es mal extrem auszudrücken: Dann müsste er schon das Schloss aufgebrochen haben und von drei Nachbarn dabei beobachtet worden sein. Darum ist der Besitz des Wohnungsschlüssels die „Schlüsselfrage" schlechthin.

2.3.4 Schlüssel gegen Wohnung: Die Übergabe

Mit der Schlüsselübergabe hängt die Übergabe des Wohnraums zusammen: Die Begehung der Wohnung oder des Hauses, idealerweise am Tag der Schlüsselübergabe. Jeder der Vertragspartner sollte dazu möglichst einen neutralen Zeugen mitbringen – nicht gerade den Ehepartner.

Man kann davon ausgehen, dass der Mieter auf etwaige Mängel hinweisen wird. Der Vermieter kann dann zusagen, diesen oder jenen Mangel noch abzustellen.

Die Übergabe muss vernünftig in einem Protokoll dokumentiert werden. Das Protokoll kann später wichtig werden bei so genannten Messies, die ihre Wohnung vermüllen und dadurch auch bleibende Schäden hinterlassen. Bei der Übergabe sollte ein Riss im Mauerwerk oder ein Fleck auf dem Teppich dort vermerkt werden. Gerade die Teppichabnutzung ist immer wieder ein Streitpunkt: Die normale Abnutzung ist mit der Miete abgegolten, die übermäßige nicht. Es ist sinnvoll, Digitalfotos vom Zustand der Wohnung zu machen; es ist fair, vorhandene Mängel aufzunehmen: Die ausgedruckten Fotos sollten später dem Übergabeprotokoll mit einer kurzen Notiz hinzugefügt werden, etwa so: „Im Nachgang zum Übergabeprotokoll wird angelegt: Foto 1: zeigt Zustand des Badezimmers." Natürlich ersetzen diese Fotos nicht eine genaue Beschreibung in einem Übergabeprotokoll. Dies sollte ausführlich ausgefüllt werden und von beiden Vertragsparteien sowie den Zeugen unterschreiben werden.
Besonderheiten in der Wohnung sollte man dokumentieren: Etwa besonders hochwertige Wasch- und Badarmaturen. Es soll schon vorgekommen sein, dass diese nach dem Auszug durch das Modell aus dem Baumarkt ersetzt worden sind...

2.3.5 CHECKLISTE
MIETVERTRAG, KAUTION, SCHLÜSSELÜBERGABE

► Reihenfolge „Mietvertrag, Kaution, erste Miete, Schlüsselübergabe" einhalten!

► Mietvertrag in Schriftform

► Aktuellste Formulare aus zuverlässiger Quelle besorgen

► Betriebskosten(vorauszahlung) vereinbaren

► Direktüberweisung von Sozialleistungen an Vermieter vereinbaren

► Alle volljährigen Mieter Mietvertrag unterschreiben lassen

► Evt. Eltern mit unterschreiben lassen

► Kaution (in max. 3 Raten) bzw. Bürgschaft vereinbaren

► Übergabe mit neutralem Zeugen und Übergabeprotokoll

3 Notausstieg: Anfechtung oder fristlose Kündigung

Erweist sich die eigene Einschätzung des Interessenten nach Abschluss des Vertrages als falsch und ergeben sich hieraus Probleme, sollte man überprüfen, wie die Angelegenheit repariert oder Schaden gemindert werden kann. Dazu stehen insbesondere die Anfechtung oder die fristlose Kündigung zur Verfügung.

Der Vermieter kann den Mietvertrag ohne Probleme anfechten, solange er dem Mieter die Mietsache noch nicht überlassen hat. Voraussetzung ist, dass der Mieter den Vermieter arglistig getäuscht hat oder sich der Vermieter ansonsten über einen wesentlichen Umstand geirrt hat. Das sieht der § 119 Abs. 1 BGB so vor. Hat der Vermieter die Mietsache schon an den Mieter übergeben, wird eine Anfechtung in der Rechtsprechung überwiegend abgelehnt.

Allerdings kann der Vermieter seinem Mieter dann unter Umständen fristlos kündigen. Voraussetzung ist aber, dass dem Vermieter die Fortsetzung des Mietverhältnisses nicht mehr zuzumuten ist. Dies ist oft eine Frage des Einzelfalls. In der Praxis dürfte oft der Fall vorkommen, dass der Mieter dem Vermieter zwar bewusst falsche Angaben über seine Bonität gemacht und ihn damit arglistig getäuscht hat. Der Vermieter darf ihm jedoch trotz dieser arglistigen Täuschung im Vorfeld des Vertragsverhältnisses nicht fristlos kündigen, sofern er all seine Mietvertragsverpflichtungen erfüllt, insbesondere die Miete und die Nebenkostenvorauszahlung vertragsgemäß entrichtet. Zahlt er nicht, kommt eine fristlose Kündigung wegen arglistiger Täuschung und auch eine fristlose Kündigung wegen Zahlungsverzugs bei Vorliegen der gesetzlichen Voraussetzungen in Betracht.

Die fristlose Kündigung wegen Zahlungsverzugs sollte immer mit einer ordentlichen Kündigung gemäß § 573 Abs. 2 Nr. 1 BGB verbunden werden. Nach dieser Bestimmung kann ordentlich gekündigt werden, wenn der Mieter seine Vertragspflichten schuldhaft nicht unerheblich verletzt. Der BGH hat mit der Entscheidung vom 16. Februar 2005 (Az.: VIII ZR 6/04) bestätigt, dass eine fristlose Kündigung mit einer ordentlichen Kündigung kombiniert werden kann. Der Vorteil dabei ist, dass der Mieter zwar die fristlose Kündigung unwirksam machen kann, indem er die ausstehenden Mieten während des Verfahrens zahlt. Wenn der Vermieter jedoch gleichzeitig die ordentliche Kündigung ausspricht, hat er sich dagegen gewappnet.

4 Mietrückstände: Reagieren Sie rasch

Erfahrene Vermieter kennen das „Sommerproblem": Wenn die Juli- und/oder Augustmiete ausbleibt, machen die Hausbewohner „Urlaub auf Kosten der Miete". Meistens ist mit einer Erinnerung und einem Gespräch mit den Mietern – sobald sie aus dem Urlaub zurück sind – das Problem gelöst. Schon hier stellt sich allerdings die Frage, warum Menschen in die Ferien fahren, wenn sie es sich nicht leisten können. Denn die Mietzahlung ist neben der ordnungsgemäßen Rückgabe der Wohnung nach dem Mietverhältnis eine der Hauptpflichten des Mieters.

Mietrückstände: Es können viele Gründe sein
Es gibt zahlreiche Gründe dafür, wenn die Miete ausbleibt: In vielen Fällen dürfte ein echtes Schuldenproblem vorliegen. Charakteristisch für viele Schuldnerkarrieren ist eine Weltsicht, in der die Prioritäten durcheinander gekommen sind: Viele Schuldner sehen Wohnen als Selbstverständlichkeit. Der Vermieter ist für sie oft nur eine anonyme Einrichtung – besonders wenn sie Mieter eines Wohnungsunternehmens sind – der obendrein sowieso zu viel Geld hat. Viele Schuldner verlieren irgendwann den Überblick über ihre Verbindlichkeiten: Sie machen schließlich keine Briefe mehr auf, weil sie darin Rechnungen und Mahnungen vermuten. Manchmal steckt nur Überforderung dahinter. Man muss allerdings feststellen, dass die Miete zu den Verbindlichkeiten gehört, die viele Menschen am wenigsten ernst nehmen. Diese Sichtweise findet sich auch vielfach unter „Mietnomaden". Vielen sind die Statussymbole wie das Auto, das Handy oder auch der Urlaub wichtiger. Wenn sie eine Rechnung bezahlen, dann bekommt meist derjenige sein Geld, der am lautesten geschrien hat.

Mietrückstände können auch weit harmlosere Ursachen haben: Der Hausbewohner hat eine neue Stelle, den Lohn aber noch nicht erhalten; der Mieter ist Saisonarbeiter und momentan „klamm", verdient demnächst aber wieder gut. Vielleicht hat die Überweisung auch durch einen Zahlendreher oder eine technische Panne bei der Bank nicht geklappt. In dem Fall kann der Mieter natürlich nicht wissen, dass das Geld nicht eingegangen ist. Wenn die Miete ausbleibt, könnte es auch sein, dass Mieter einfach mal testen wollen, ob man die Mietzahlung nicht etwas strecken kann.

So oder so, beim Vermieter sollten alle Alarmglocken klingen: Denn der Mieter hat sein finanzielles Problem an den Vermieter weiter gegeben. Die Chance, dass der Vermieter sein Geld noch erhält, ist nicht sehr groß, aber sie besteht zu diesem

Zeitpunkt noch. Vor allem muss er schnell handeln. Für Eigentümer mehrerer Wohnungen im selben Haus stellt sich noch ein ganz anderes Problem: Nachbarn unterhalten sich oft über die Miete, und es wird sich schnell herumsprechen, wenn verzögerte Mietzahlung akzeptiert wird. Wenn der Vermieter nicht reagiert, kann es sein, dass er auch mit den anderen Mietern Probleme bekommt.

Zu empfehlen: Rechtsschutzversicherung
In vielen Fällen finden Vermieter und Mieter gemeinsam eine Lösung. Es kann allerdings genauso gut sein, dass Vermieter schon bald rechtlichen Rat brauchen, denn die meisten werden das Ausfüllen eines Mahnbescheids noch hinbekommen, aber auch dabei sind schon Fehler möglich. Das Aussprechen einer fristlosen Kündigung ist schon kniffliger, und spätestens, wenn geklagt wird, geht ohne Anwalt nichts mehr. Mitglieder von Haus & Grund haben hier einen Vorteil, denn sie können eine vergünstigte Rechtsschutzversicherung abschließen, die anwaltliche Vertretung einschließt.

4.1 Lösungsorientiert: Das Gespräch suchen

Mit der gebotenen Vorsicht vor Verallgemeinerungen lässt sich sagen: Viele Mietnomaden oder Mietbetrüger sind anfangs kommunikativ, meiden aber später das Gespräch. Wir erinnern: In einigen Fällen knipsen sie sogar das Klingelkabel durch, um an der Tür nicht mehr erreichbar zu sein. Ans Telefon gehen sie in der Regel schon nach kurzer Zeit nicht mehr bzw. stellen es ab; Verabredungen halten sie nicht ein. Mietnomaden sind im übrigen auch nicht mit einem Gespräch zu fassen, denn sie haben ja dem Eigentümer in der Regel von Anfang falsche Angaben und falsche Versprechungen gemacht.

Bei einem vernünftigen Mietverhältnis sprechen Mieter ihren Vermieter an, sobald sie Zahlungsschwierigkeiten haben: Wenn der Mieter das aber nicht tut, sollte der Vermieter die Initiative ergreifen, um zusammen mit dem Mieter Lösungsmöglichkeiten zu finden. In der Mehrzahl der Fälle dürfte das klappen. Allerdings sollte ein derartiges Gespräch nicht häufiger als ein, höchstens zwei Mal geführt werden, weil der Vermieter riskiert, sonst nicht ernst genommen zu werden.
Auch wenn die Miete nur teilweise eingeht, sollten Vermieter unverzüglich das Gespräch suchen, denn auch so kann innerhalb kurzer Zeit beträchtlicher Schaden entstehen. Schleppende Zahlung rechtfertigt die ordentliche und außerordentliche, d.h. fristlose Kündigung, auch wenn am Mietzins nur ein Euro monatlich fehlt

(§ 543 Abs. 2 Nr 3 lit b BGB). Darauf sollte man die Mieter mündlich und in einem Abmahnschreiben hinweisen.

Ich sage den Leuten, speziell im sozialen Wohnungsbau: Wenn ihr Geldprobleme bekommt, sprecht es bitte an, ich reiß' euch den Kopf nicht ab. Aber wenn ich mich hintergangen fühle, ist es vorbei mit meiner Freundlichkeit. Man muss auch deswegen konsequent bleiben, weil man sich sonst auf der Nase herumtanzen lässt: Wenn eine Familie 3 oder 4 Monate die Miete nicht zahlt, und ich tue nichts dagegen, habe ich es im gesamten Objekt schwer, denn natürlich unterhalten die Mieter sich. Was ganz anderes ist es, wenn die Mieter wissen: Wir sind schon einen Monat überfällig mit der Miete, in zwei Wochen kommt garantiert die erste Mahnung mit der Kündigungsandrohung, und eine Woche später garantiert die fristlose Kündigung – es sei denn, ich melde mich und treffe eine Ratenzahlungsvereinbarung. Die bemühen sich dann schon, weil sie wissen, ich flieg' hier wirklich raus.
Frank Rink, Verwalter von 1000 Wohnungen

4.1.1 Nur vorgeschoben? Mietminderung

Wenn die Miete nur zum Teil eingeht, begründen Mieter das in manchen Fällen mit Mietminderung. Hiermit sollte ein Vermieter sich unverzüglich auseinandersetzen und die Mängel ggf. abstellen.

Wenn die Mietminderung nur vorgeschoben ist, kann der Vermieter unter Umständen fristlos kündigen. Stellt sich allerdings später vor Gericht heraus, dass die Mängel tatsächlich bestehen, dann kann ein Gericht die Kündigung für unwirksam erklären. Der Mieter kann auch einem „unverschuldeten Rechtsirrtum" aufsitzen, etwa in der Frage der Mietminderung. Vielleicht ist er falsch beraten worden; vielleicht steht die falsche Information in einem Ratgeber. Auch dann kommt eine fristlose Kündigung nicht in Betracht.

Wenn die Miete nur zum Teil eingeht, ziehen die Mieter mitunter auch die Höhe der Betriebskosten in Zweifel. Oder sie monieren, dass die letzte Betriebskostenabrechnung noch nicht eingegangen ist und erklären, fortan nur einen Euro Betriebskosten zu zahlen.

Bei solchen Plänkeleien sollten Vermieter im Zweifelsfall sofort rechtlichen Rat einholen. Denn: Zeit zu verlieren kann jetzt teuer werden.

4.1.2 Totalausfall: Die Miete bleibt ganz aus

Das Vorgehen ist das gleiche: Suchen Sie den Kontakt zu Ihren Mietern und behalten Sie unbedingt die Zeit im Auge: Sobald die zweite Monatsmiete nicht eingegangen ist, können und sollten Sie sofort fristlos und ordentlich kündigen. Der Grund für diese Doppelkündigung liegt darin, dass der BGH mit Urteil vom 16. Februar 2005 (Az.: VIII ZR 6/04), eine analoge Anwendung des § 569 Abs. 3 Nr. 2 Satz 1 BGB auf ordentliche Kündigungen abgelehnt hat. Diese Regelung gibt dem Mieter ein „Nachholrecht" für die Zahlung der geschuldeten Miete, wenn er mit dieser in Zahlungsrückstand geraten ist. Das bedeutet: Eine fristlose Kündigung, die sich auf Zahlungsverzug stützt, wird unwirksam, wenn der Vermieter das ausstehende Geld innerhalb von zwei Monaten nach Einreichung seiner Klage doch noch erhält.

Eine Mahnung ist nicht erforderlich, da die Termine der Mietzahlungen feststehen. Es kann aber aus Dokumentationszwecken nicht schaden, den Mieter mit einem kurzen Schreiben (siehe Musterschreiben) auf den Rückstand hinzuweisen.

Muster: Abmahnung wegen Zahlungsverzugs

Name Vermieter
Adresse

Anschrift des/der Mieter
(alle Vertragsparteien aufführen!)

Ort, Datum

Abmahnung wegen Zahlungsverzugs

Sehr geehrter Mieter, (alle Vertragsparteien namentlich nennen)

mit schriftlichen Mietvertrag vom .... haben Sie in meinem Haus in der ... Straße die Wohnung im 2. OG links angemietet. Als Miete haben wir incl. Betriebskostenvorauszahlung Euro ..... vereinbart / Auf Grund der letzten Mieterhöhung/ Anpassung der Betriebskostenvorauszahlung beträgt die Miete derzeit ......

Für die Monate / den Monat konnte ich bis zum ....keinen Zahlungseingang auf dem Ihnen bekannten Konto feststellen.

Danach sind sie mit der Miete

1. für den Monat .... in Höhe von......Euro seit dem...............
2. für den Monat .... in Höhe von......Euro seit dem...............
3. für den Monat .... in Höhe von......Euro seit dem...............

in Verzug.

Dies stellt ein vertragswidriges Verhalten dar. Sie werden daher aufgefordert, künftig Ihre Mietzahlungen zu den vereinbarten Terminen / bis zum dritten Werktag eines Monats pünktlich zu leisten und den derzeit offenen Betrag von insgesamt Euro................... bis zum ....auf das Ihnen bekannte Mietkonto zu überweisen.

Für den Fall, dass Sie die offenen Mietzahlungen nicht begleichen und/oder in Zukunft weiterhin die Miete vertragswidrig zu spät begleichen, teile ich Ihnen schon jetzt mit, dass ich das Mietverhältnis kündigen werde.

....

Unterschrift Vermieter

Gutes Druckmittel: Abmahnung wegen Zahlungsverzugs

Ich habe meine eigene Therapie bei Mietschuldnern. Ich spreche sie sehr massiv an, immer wieder. Wenn die mir auf der anderen Straßenseite begegnen, rufe ich quer über die Straße: „Herr Sowieso, ist ja prima, Sie hier zu treffen! Denken Sie bitte an die Miete? Es ist noch so und soviel offen!" Diese Frechheit nehme ich mir einfach raus. Es wirkt zwar peinlich, aber dem Mieter ist es vielleicht noch peinlicher, sage ich mir.

Ich gehe auch an Arbeitgeber heran und frage die, was da los ist. Bei einem Mieter, der nicht zahlte und ein bisschen chaotisch war, meinte der Chef: „Moment mal, ich regele das, der ist momentan ein bisschen unter Druck." Der Chef hat sogar einen Teil der Miete übernommen. In anderen Fällen schicke ich den Hausmeister täglich tagsüber und auch abends hin.

Mit dieser Linie habe ich sehr großen Erfolg. Ich habe zwar auch schon Räumungsklagen angestrebt, aber es ist in den über 30 Jahren, in denen ich vermiete, noch nie zum Vollzug einer Zwangsräumung gekommen. Die Leute haben entweder gezahlt oder sind vor der Räumung ausgezogen. Klaus Bleckmann, Eigentümer von 400 Wohnungen

4.2 Besser als nichts: Teilzahlung & Co.

Die Miete abzusenken ist keine gute Lösung, da es hinterher schwierig werden wird, die Miete wieder heraufzusetzen. Mit einer Teilzahlungslösung wird dagegen beiden Seiten eher geholfen sein. So liegt es nahe, eine ausstehende Miete von 500 Euro in zehn Raten abzuzahlen. Das allerdings sofort: Es ist nicht ratsam, die Mietzahlung vorübergehend auszusetzen. Etwa nach dem Motto: Wenn ich wieder einen Job habe, dann zahle ich wieder. Denn der Arbeitsmarkt sieht leider so trübe aus, dass solche Prognosen entschieden zu unsicher sind.

Es leuchtet ein, dass auch hohe Nachzahlungen nach der jährlichen Betriebskostenabrechnung manche Mieter überfordern. Auch hier ist Ratenzahlung eine gute Lösung.

Die Einzugsermächtigung nützt natürlich nichts, wenn das Konto nicht gedeckt ist. Darum sollte der Vermieter das Gespräch mit dem Mieter nutzen, das zu klären. Auf jeden Fall sollten die Zahlungsmodalitäten, auch für evtl. Gebühren bei einer Rücklastschrift, bei diesem Gespräch geklärt werden.

Vermieter sollten für die Teilzahlungslösung eine Einzugsermächtigung vorbereitet haben und ihre Mieter bitten, diese zu unterschreiben. Das erhöht nicht nur die Wahrscheinlichkeit, dass das Geld auch eingeht. Es zeigt den Mietern auch, wie ernst und dringlich die Angelegenheit dem Eigentümer ist.

Ermächtigung zum Einzug von Forderungen durch Lastschriften

Zahlungspflichtiger: (Mieter)	*Max Mustermann, geb. XX.XX.XXXX* *Beispielstraße 123* *12345 Musterstadt*
Zahlungsempfänger: (Vermieter)	Bernd Beispiel Musterweg 12 12345 Musterstadt

Hiermit ermächtigen ich / wir Sie widerruflich, die von mir / uns zu entrichtenden Zahlungen für Ihre Forderungen aus unserem Mietverhältnis bei Fälligkeit zu Lasten meines / unseres Kontos mit der Nummer *123456*, Bankleitzahl *123 345 78* bei *Beispielbank* durch Lastschrift einzuziehen.
Wenn mein / unser Konto die erforderliche Deckung nicht aufweist, besteht seitens des kontoführenden Kreditinstitutes keine Verpflichtung zur Einlösung. In Falle der nicht vorhandenen Deckung und einer damit verbundenen Rücklastschrift ist uns bekannt, dass wir zum Schadenersatz für die dem Zahlungsempfänger auferlegten Bankgebühren verpflichtet sind.

Teileinlösungen werden im Lastschriftverfahren nicht vorgenommen.

Ort, Datum   Unterschrift Zahlungspflichtige(r)

Muster Einzugsermächtigung

4.3 Hilfe von außen: Schuldnerberatung, Miete vom Amt

4.3.1 Lotsen aus der Krise: Schuldnerberatung

In vielen Fällen haben Haushalte, die die Miete nicht zahlen, auch in anderen Bereichen Schulden angehäuft. Vermieter sollten ihnen dringend ans Herz legen, eine Schuldnerberatung aufzusuchen: Oftmals die einzige Chance, dass Menschen mit Schulden ihr Leben wieder in den Griff bekommen.

Menschen mit einem Berg Schulden empfinden den Tipp mit der Schuldnerberatung und den ersten Besuch dort in vielen Fällen als Erleichterung. Schuldnerberatungen sortieren die Forderungen, rücken die Prioritäten zurecht und treten in vielen Fällen in Verhandlungen mit Gläubigern ein, um zum Beispiel Teilzahlung zu erreichen.

Wohnungsunternehmen haben in vielen Fällen eigene Sozialarbeiter, die den Schuldnern ebenfalls bei der Ordnung ihrer Probleme helfen.

4.3.2 Zuschuss: Wohngeld für Mieter

Manche Mieter wissen gar nicht, dass sie Wohngeld beantragen könnten und sind ihrem Vermieter möglicherweise sogar dankbar für einen Hinweis darauf. Die Bundesländer zahlen das Wohngeld als Mietzuschuss denjenigen, die sich eine angemessene Wohnung nicht leisten können. Dabei spielt die Wohnungsgröße, die Mietbelastung, die Familiengröße und der Ort eine Rolle. Wohngeld wird in der Regel bei der örtlichen Wohngeldstelle (Sozialamt) beantragt. Mieter erhalten dort einen Vordruck für eine Mietbescheinigung, auf der der Vermieter nähere Angaben über das Mietobjekt eintragen muss.

Wer Arbeitslosengeld 2 oder Sozialhilfe erhält, hat durch die „Hartz IV"-Neuregelungen seit Anfang 2005 keinen Anspruch mehr auf Wohngeld. Die Mietbelastung wird bereits bei der Berechnung der Leistungen berücksichtigt.

4.3.3 Hartz IV: Unterkunftskosten inclusive

Empfänger von Arbeitslosengeld 2 und Sozialhilfe erhalten Leistungen, in denen die Unterkunftskosten für eine Wohnung in angemessener Größe enthalten sind. Als angemessen gilt für eine Person 45 bis 50 Quadratmeter Grundfläche, für jede weitere kommen 15 Quadratmeter hinzu. Im ersten Jahr des Bezugs von Arbeitslosengeld II zahlt der Träger aber auch unangemessen großen Wohnraum.

Vielen Vermietern wäre geholfen, wenn Mieten direkt an sie überwiesen würden. Damit muss der Mieter allerdings einverstanden sein. Der Haken an der Sache: Wenn die Leistung eingestellt wird, erhält auch der Vermieter seine Miete nicht mehr, und dann können Mietrückstände auflaufen.

Chance für Vermieter: Direkte Überweisung
In zwei Fällen allerdings wird laut Sozialgesetzbuch direkt auf das Vermieterkonto überwiesen: Einerseits bei Hilfebedürftigen zwischen 15 und 24 Jahren.

Der Pferdefuß ist allerdings, dass ja in vielen Fällen die Vermieter gar nicht wissen, dass ihr Mieter ALG 2 bezieht. Sie haben auch keinen Auskunftsanspruch gegenüber den Behörden.

„Des weiteren werden die Unterkunftskosten nur dann direkt an den Vermieter gezahlt, wenn die zweckentsprechende Verwendung sonst nicht sichergestellt ist", heißt es im Gesetz. Diese Regelung stellt eine Möglichkeit für Vermieter dar, ihre Mietzahlung sicher zu stellen. Vermieter, deren Mieter im Rückstand bleiben, sollten mit diesem Ansinnen durchaus an die Sozialämter und die Träger des Arbeitslosengeldes 2 herantreten. Sie können ja sehr einfach nachweisen, dass die „zweckentsprechende Verwendung" nicht sichergestellt ist, denn der Mieter hat die Miete ja nicht gezahlt, obwohl er dafür Geld vom Amt bekommen hat.

Viele Bezieher von Sozialleistungen haben auch nur ergänzende Ansprüche, etwa auf aufstockende Leistungen bei Rentenbeziehern. In solch einem Fall bringt die direkte Überweisung eher wenig.

4.3.4 Rettungsanker für beide? Übernahme von Mietschulden

Träger von Arbeitslosengeld 2 und Sozialhilfe können zur Verhinderung von Obdachlosigkeit einmalig bis zu sechs ausstehende Monatsmieten, in Einzelfällen auch mehr, übernehmen. Bedingung ist allerdings, dass die Wohnung auch „erhaltenswert" ist. Dafür gelten Einkommensgrenzen. Außerdem haben viele Kommunen Mietobergrenzen definiert: Ein Alleinstehender, der in einer 700 Euro teuren 100 Quadratmeterwohnung lebt, dürfte wohl diesen Maßstab in den meisten Gebieten wohl deutlich überschreiten. Im Sozialgesetzbuch (SGB II) (Arbeitslosengeld 2) ist formuliert, dass die Wohnungskosten übernommen werden müssen, wenn die Aufnahme einer Tätigkeit sonst nicht gewährleistet werden kann. Diese Regelung wird allerdings kaum angewandt. Stattdessen übernimmt in solchen Fällen der Sozialhilfeträger ausnahmsweise die Mietschulden. Da bei den Hartz IV-Gesetzen Änderungen anstehen, lohnt auf jeden Fall die Nachfrage bei den Behörden.

Damit Obdachlosigkeit schon im Vorfeld verhindert werden kann, werden die Kommunen über jede eingehende Räumungsklage informiert. Das bedeutet allerdings nicht, dass sie von sich aus tätig werden.

Vermieter sollten sich ein Mahnverfahren gut überlegen. Die entscheidende Frage ist: Lässt sich überhaupt Zahlungsbereitschaft erkennen, etwa dadurch, dass der Mieter mit Ratenzahlung einverstanden ist oder sogar erste Raten zahlt? Dennoch kann es dann nicht schaden, einen Mahnbescheid in der Hand zu haben, um gegebenenfalls zusätzlichen Druck auf den Mieter ausüben zu können. Ein Mahnverfahren zu betreiben, während noch Mietschulden entstehen, hat allerdings einen Nachteil: Es laufen ja fortwährend weiter Schulden auf. Man müsste also später das gleiche Verfahren noch einmal durchziehen.

In der Regel sehen sie Handlungsbedarf erst dann, wenn die Räumung tatsächlich ansteht. Es kann sinnvoll sein, wenn auch Vermieter von sich aus ihren Mieter oder auch die Kommune auf diese Hilfsmöglichkeit ansprechen. Auch hier ist es empfehlenswert, die Leistungen direkt an den Vermieter zu zahlen.

4.4 Mahnverfahren: Rausgeworfenes Geld?

Das Mahnverfahren ist eine preisgünstige und relativ schnelle Art, einen Rechtstitel zu erwirken, mit dem Sie beim Schuldner pfänden lassen können. Wenn ein Schuldner nämlich einem Mahnbescheid nicht widerspricht, dann kann der Gläubiger einen Vollstreckungsbescheid beantragen. Mit dem kann er 30 Jahre lang einen Gerichtsvollzieher beauftragen, die ausstehende Forderung einzutreiben. Allerdings ist das Mahnverfahren nicht in jedem Fall empfehlenswert.

Keine Zeit verplempern

Anträge auf Erlass eines Mahnbescheids gibt es zum Beispiel im Schreibwarenhandel. In einigen Bundesländern können solche Anträge auch online gestellt werden. Der Antrag wird ausgefüllt an das zuständige Mahngericht geschickt: In vielen Bundesländern gibt es bereits zentrale Mahngerichte. Ansonsten geht der Antrag an das Amtsgericht, das für den Wohnort des Vermieters zuständig ist. Welches die richtige Adresse ist, lässt sich am einfachsten durch einen Anruf beim nächsten Amtsgericht klären.

Das Mahngericht prüft nicht, ob die Forderung berechtigt ist, sondern nur, ob der Antrag formal in Ordnung ist. Das Gericht erlässt einen Mahnbescheid und lässt ihn dem Schuldner zustellen. Der hat nun 14 Tage Zeit zu widersprechen. Wenn der Schuldner hierauf nicht reagiert, also weder Widerspruch einlegt noch zahlt, kann der Gläubiger einen Vollstreckungsbescheid – so etwas nennt sich ebenso wie ein Gerichtsurteil „rechtskräftiger Titel" – beantragen. Auch dagegen kann der Schuldner noch einmal innerhalb von 14 Tagen Widerspruch einlegen.

Wenn der Widerspruch kommt, hat man Zeit verloren und hätte im Grunde ohne Mahnverfahren besser direkt auf Zahlung der Miete klagen können. Im Verfahren selbst hat der Vermieter die Möglichkeit, die Klage um den Antrag auf Räumung zu ergänzen.

Mietschulden: Drei Jahre Verjährungsfrist

Noch einmal: Wer den Eindruck hat, es mit Mietbetrügern zu tun zu haben, sollte zumindest in diesem Augenblick keine Zeit mit dem Mahnverfahren verplempern. Das ist auch später noch möglich, denn für Mietschulden gilt die Regelverjährungsfrist von drei Jahren. Mit einem Urteil oder Mahnbescheid, also einem rechtskräftigen Titel, kann man 30 Jahre lang versuchen, mit Hilfe eines Gerichtsvollziehers sein Geld beim Schuldner beizutreiben. Allerdings sind die Erfolgsaussichten hierfür mit der Einführung des Verbraucherinsolvenzverfahrens weiter gesunken: Ein Schuldner, der Privatinsolvenz beantragt hat, kann nämlich nach sechs Jahren von allen Restschulden befreit werden. Damit ist der Titel nicht mehr viel wert: In den ersten sechs Jahren, während der so genannten Wohlverhaltensperiode des Schuldners, darf beim Schuldner ohnehin nicht gepfändet werden. Er muss allerdings in einem Schuldentilgungsplan seine Schulden abtragen. Wenn ihm dann nach Ablauf der Wohlverhaltensphase die Restschulden erlassen werden, gehen sämtliche Gläubiger mit ihren noch bestehenden Forderungen leer aus. (Näheres zu diesem Thema in: „Mieterinsolvenz - Praxisratgeber für Vermieter" von Thomas Kempkes/Olaf Schneider; Verlag Haus und Grund; ISBN 3-936945-02-0.)

4.5 Zwangsvollstreckung: Langer Atem gefragt

Wer schließlich einen Zahlungstitel in der Hand hat, darf nie zur Selbsthilfe greifen. Es hat schon Vermieter gegeben, die sich mit einem zweiten Schlüssel Zugang zur Wohnung des Mieters verschafft haben, Gegenstände des Mieters aus der Wohnung getragen haben oder einen Schlägertrupp engagiert haben. All das ist illegal. Der Vermieter macht sich strafbar. Der einzige Weg zu seinem Geld führt über das Amtsgericht und die Gerichtsvollzieher. Der Gläubiger muss dabei immer am Ball bleiben und jeden einzelnen Schritt selbst veranlassen, weil der Gerichtsvollzieher von sich aus nicht aktiv wird. Jedes Mal werden vorher Gerichtsvollzieher-Gebühren fällig.

Allgemein bekannt ist die Pfändung beweglicher Sachen durch den Gerichtsvollzieher bei Geldforderungen. Der berühmte Kuckuck, also das Pfandsiegel auf der gepfändeten Sache, ist schon sprichwörtlich.

Es gibt noch zwei weitere Arten, seine Forderungen mit Hilfe der Zwangsvollstreckung beizutreiben. Einerseits, wenn der Schuldner seinerseits noch Forderungen an Dritte hat. Hierfür erlässt das Vollstreckungsgericht einen „Pfändungs- und Überweisungsbeschluss". Beispiele sind die Pfändung von Bankguthaben, aber auch Arbeitslohn, Steuererstattungsansprüche und Ansprüche aus Versicherungen, zum Beispiel aus Lebensversicherungen oder Bausparverträgen.

Auch auf Immobilien des Schuldners kann ein Gläubiger im Wege der Zwangsvollstreckung zugreifen. Dies geschieht entweder durch Eintragung einer Zwangssicherungshypothek oder durch Einleitung eines Zwangsversteigerungsverfahrens.

Um den ganzen Ärger los zu sein, könnte man auch ein Inkassobüro beauftragen. Ansonsten ist in Zwangsvollstreckungssachen grundsätzlich ein Rechtsanwalt empfehlenswert. In der Regel wird es derselbe Anwalt sein, der den Vermieter bei seiner Klage auf Zahlung der Miete vor Gericht vertreten hat. Er muss dafür sorgen, dass der Vermieter zügig sein Geld bekommt und dabei die verschiedenen Mittel, die das Zwangsvollstreckungsrecht gibt, nutzen. Wenn der Rechtsanwalt hierbei wertvolle Zeit verstreichen lässt, kann er sich unter Umständen regresspflichtig machen. Ist durch die Pfändung nichts zu holen, dann muss der Anwalt darauf hinarbeiten, dass der Schuldner so schnell wie möglich die Eidesstattliche Versicherung abgibt, will er nicht Gefahr laufen, selbst haften zu müssen. Dies kann übrigens eine letzte „Daumenschraube" sein.

Letztes Druckmittel: Die Eidesstattliche Versicherung

So kompliziert das Zwangsvollstreckungsrecht auch ist, den „Offenbarungseid", heute Eidesstattliche Versicherung („EV") genannt, kennen die meisten Menschen. Sie werden in der Regel alles versuchen, um nicht selbst „die Finger heben" zu müssen. Die Eidesstattliche Versicherung ist – auch das ist allgemein bekannt – fast so einschneidend wie eine Vorstrafe. Sie wird ins öffentliche Schuldnerverzeichnis beim Amtsgericht eingetragen und gehört zu den Fragen, die etwa auf einem Mieter-Bewerberbogen ehrlich beantwortet werden muss. Wer mit einer EV im Schuldnerverzeichnis steht, bekommt in der Regel weder Handyvertrag noch Girokonto. Wer also – am besten mit Hilfe eines Rechtsanwaltes – den Gerichtsvollzieher losschickt, um seinen Schuldner die Eidesstattliche Versicherung leisten zu lassen, hat gewisse Chancen, dass der Schuldner in letzter Sekunde doch noch Geld auftreibt.

Bei der einschneidenden Maßnahme namens „Eidesstattliche Versicherung" (EV) versichert der Schuldner an Eides Statt, dass seine Angaben über seine Vermögensverhältnisse stimmen.

> Wer seinem Mieter klar macht, dass er ein Urteil erstreiten wird und nicht davor zurückschreckt, ihn zur Abgabe der Eidesstattlichen Versicherung zu zwingen, bringt ihn vielleicht noch zum Umdenken.

Bei wirklichen Mietnomaden wird in vielen Fällen zunächst kein Geld zu holen sein. Aber Mieter, die sich nicht im Klaren sind, ob sie zahlungswillig sind oder nicht, lenken eventuell noch einmal ein und treffen mit dem Vermieter eine Regelung – zum Beispiel in Form einer Ratenzahlungsvereinbarung.

Zwangsvollstreckung kostet viel Zeit

Leider ist die Zwangsvollstreckung häufig kompliziert und langwierig: Wenn der Gerichtsvollzieher meldet, beim Schuldner sei nichts zu pfänden, dann kann man ihn durch den Gerichtsvollzieher zur Abgabe einer Vermögensliste zwingen. Wenn der Schuldner ausrichten lässt, er habe kein Vermögen, kann man beantragen, ihn das an Eides Statt versichern zu lassen. Wenn der Gerichtsvollzieher das nächste Mal klingelt, macht der Schuldner nicht auf. Daraufhin kann der Gläubiger den Erlass eines Durchsuchungsbefehls beantragen. Sobald er den in der Hand hat, schickt er ihn dem Gerichtsvollzieher. Die Gebühren sind mittlerweile höher geworden, denn dieses Mal bringt der Gerichtsvollzieher einen Schlüsseldienst mit, der die Wohnung öffnet. Wenn er etwas findet, kann er pfänden. Wenn er nichts findet, teilt er das dem Gläubiger mit. Der Gläubiger schreibt den Gerichtsvollzieher wieder an: Er möge noch einmal vorbeigehen und den Schuldner um die Abgabe der Vermögensliste bitten. Sollte er kein Vermögen haben, möge er das an Eides Statt versichern. Beim nächsten Mal trifft der Gerichtsvollzieher den Schuldner wieder nicht an. Nun kann der Gläubiger einen Haftbefehl beantragen, um den Schuldner zur Abgabe der Eidesstattlichen Versicherung zu zwingen...

Es leuchtet ein, dass ein normaler Gläubiger damit völlig überfordert ist und in der Regel ohne professionelle Hilfe nicht weiter kommt.

Hohe Pfändungsfreigrenzen
Oftmals ist schon wegen der geltenden Pfändungsfreigrenzen nichts zu holen. Ein Beispiel: Wer außer sich selbst eine weitere Person unterhalten muss, ist bis 1360 Euro Nettolohn nicht pfändbar. Wenn dieselbe Person 1500 Euro verdient, kann der Gerichtsvollzieher gerade mal 72,05 Euro pfänden. Was tatsächlich vom Einkommen gepfändet werden kann, hängt vom Nettolohn und der Anzahl der Personen ab, die der Schuldner versorgen muss. Seit dem 1. Juli 2005 gelten neue Pfändungsfreigrenzen (siehe Abbildung).

Sie hatte eine minderjährige Tochter im Haushalt. Das war für mich der Grund, nicht pfänden lassen, denn es gelten hohe Freigrenzen. Wenn die Tochter irgendwann mal aus dem Haus ist, ist vielleicht eher etwas zu holen.
Helmut Rentrop, 62: Mehr als ein halbes Jahr Mietausfall durch Mietnomadin

Euro		Pfändbarer Betrag bei Unterhaltspflicht für ... Personen					
Nettolohn monatlich		0	1	2	3	4	5 und mehr
1.280,00	1.289,99	206,40	-	-	-	-	-
1.290,00	1.299,99	213,40	-	-	-	-	-
1.300,00	1.309,99	220,40	-	-	-	-	-
1.310,00	1.319,99	227,40	-	-	-	-	-
1.320,00	1.329,99	234,40	-	-	-	-	-
1.330,00	1.339,99	241,40	-	-	-	-	-
1.340,00	1.349,99	248,40	-	-	-	-	-
1.350,00	1.359,99	255,40	-	-	-	-	-
1.360,00	1.369,99	262,40	2,05	-	-	-	-
1.370,00	1.379,99	269,40	7,05	-	-	-	-
1.380,00	1.389,99	276,40	12,05	-	-	-	-
1.390,00	1.399,99	283,40	17,05	-	-	-	-
1.400,00	1.409,99	290,40	22,05	-	-	-	-
1.410,00	1.419,99	297,40	27,05	-	-	-	-
1.420,00	1.429,99	304,40	32,05	-	-	-	-
1.430,00	1.439,99	311,40	37,05	-	-	-	-
1.440,00	1.449,99	318,40	42,05	-	-	-	-
1.450,00	1.459,99	325,40	47,05	-	-	-	-
1.460,00	1.469,99	332,40	52,05	-	-	-	-
1.470,00	1.479,99	339,40	57,05	-	-	-	-
1.480,00	1.489,99	346,40	62,05	-	-	-	-
1.490,00	1.499,99	353,40	67,05	-	-	-	-
1.500,00	1.509,99	360,40	72,05	-	-	-	-
1.510,00	1.519,99	367,40	77,05	-	-	-	-
1.520,00	1.529,99	374,40	82,05	-	-	-	-
1.530,00	1.539,99	381,40	87,05	-	-	-	-
1.540,00	1.549,99	388,40	92,05	-	-	-	-
1.550,00	1.559,99	395,40	97,05	-	-	-	-
1.560,00	1.569,99	402,40	102,05	-	-	-	-
1.570,00	1.579,99	409,40	107,05	3,01	-	-	-
1.580,00	1.589,99	416,40	112,05	7,01	-	-	-
1.590,00	1.599,99	423,40	117,05	11,01	-	-	-
1.600,00	1.609,99	430,40	122,05	15,01	-	-	-
1.610,00	1.619,99	437,40	127,05	19,01	-	-	-
1.620,00	1.629,99	444,40	132,05	23,01	-	-	-
1.630,00	1.639,99	451,40	137,05	27,01	-	-	-

Das Lebensnotwendige: Regelmäßig werden die Pfändungsfreigrenzen aktualisiert. Hier ein Auszug der aktuellen Tabelle vom Juli 2005

4.6 Zu selten genutzt: Urkundsprozess

Ein anderer, viel zu selten beschrittener Weg, um einen Rechtstitel wegen ausstehender Mieten zu bekommen, ist der Urkunden- oder Urkundsprozess. Der Vermieter präsentiert dem Gericht den gültigen Mietvertrag und klagt auf Leistung. Im Urkundsprozess gilt nur das, was mit einer Urkunde bewiesen werden kann. Einreden des Mieters – Mietminderung, Betriebskosten etc. – gelten nicht. Bei Gewerberaum ist der Urkundsprozess durchaus üblich. Aber auch bei einem Mietverhältnis über Wohnraum kann der Vermieter rückständige Zahlungen im Urkundsprozess geltend machen, wie der BGH mit Urteil vom 1. Juni 2005 entschieden hat (AZ: VIII ZR 216/04). Dadurch kann die oft jahrelange Verfahrensdauer bei Mietstreitigkeiten deutlich abgekürzt werden. Der Vermieter erhält kurzfristig einen Zahlungstitel, um mit Hilfe eines Gerichtsvollziehers an sein Geld zu kommen. Ess bleibt dann dem Schuldner unbenommen, seine vermeintlichen Gegenansprüche im Nachverfahren

93

geltend zu machen. Dies wird bei Mietnomaden und Zahlungsverweigerern jedoch selten der Fall sein. Diesen Prozess kann man fast ohne Rechtsanwalt führen (siehe Musterklage).

Zahlungsklage des Vermieters im Urkundenprozess

An das
Amtsgericht

in Sachen des

Vermieters ....

– Kläger –

gegen

– Beklagter –

wegen Zahlung

erhebe ich Klage im **Urkundenprozess** mit dem Antrag,

den Beklagten zu verurteilen,

an den Kläger .... EUR und jeweils weitere .... EUR monatlich nebst Verzugszinsen gem. § 288 BGB zu zahlen.

Ich stelle den Antrag nach § 331 Abs. 3 ZPO.

Streitwert: ....

Begründung:

Die Beklagte mietete am .... die Wohnung im Hause des Klägers in der
....

Die vereinbarte Miete beträgt .... EUR zuzüglich .... EUR Betriebskostenvorschuss.

Beweis: Kopie des Mietvertrages vom ....

Die Mieten und Betriebskostenvorauszahlungen für die Monate................ wurden nicht gezahlt.

Unterschrift

Recht einfach selbst zu führen: der Urkundsprozess, hier eine Musterklage

---

Der Klageantrag muss an das zuständige Amtsgericht gehen. Das ist bei Mietstreitigkeiten immer das Amtsgericht in dem Ort bzw. Gerichtsbezirk, in dem das Mietobjekt liegt. Der Klageantrag muss einen Antrag auf Zahlung der ausstehenden, genau aufgeführten Miete im Urkundsprozess enthalten. Dann muss noch der Mietvertrag – das ist die Urkunde – beigefügt werden und die Versicherung, dass keine

Zahlungen für die Miete eingegangen sind. Der praktische Vorteil für Vermieter: Sie bekommen ihr Zahlungsurteil schneller und problemloser als im normalen Klageverfahren, in dem die Rechtsanwälte der Mieter auf der Klaviatur der prozessualen Tricks spielen können. Auch die Drohung, mit dem so erlangten Titel „in das Konto des Mieters hinein zu pfänden", wie es in der Fachsprache heißt, verfehlt möglicherweise ihre Wirkung nicht. Denn die Kontoverbindung wird damit vorübergehend „stillgelegt", und der Mieter verliert an Ansehen bei der Bank. Diese Drohkulisse dürfte beim Mieter in manchen Fällen die Verhandlungsbereitschaft steigern, die rückständigen Mieten zumindest in Raten zu zahlen und noch vor dem Zwangsräumungstermin freiwillig auszuziehen.

4.7 Abtreten an Eintreiber: Inkassobüros

Ein professioneller Schuldeneintreiber hat unter Umständen mehr Erfolg mit dem Eintreiben von Rückständen als ein Vermieter. Aus diesem Grund verkaufen auch Großvermieter ihre Forderungen mitunter an Inkassounternehmen. Vorteil: Der Vermieter bekommt sein Geld sofort, allerdings weniger, als ihm eigentlich vom Mieter zustünde.

Auch das hat leider zwei Seiten: Mieter in einer vorübergehenden Notlage wird ein solcher Schritt eher noch zur Kündigung veranlassen, wobei man sie im Grunde behalten möchte. Bei den Mietern, die ohnehin nicht zahlen (können), bekommt man die Forderung nur schlecht bzw. gegen eine ungünstige Quote verkauft.

Es ist übrigens auch möglich, zukünftige Forderungen zu verkaufen. Voraussetzung, man findet ein Inkassounternehmen, das bereit ist, das Risiko zu tragen. Bei einer Miete von 1000 Euro kann das dann so aussehen, dass der Vermieter 600 Euro ausgezahlt bekommt, während das Inkassounternehmen 400 Euro für sich behält.

Bei der Abtretung von Forderungen (Factoring) unterscheidet man zwei Arten: Beim „unechten Factoring" kauft ein Inkassounternehmen die Forderung komplett an; der Vermieter erhält nur einen gewissen Prozentsatz der Originalforderung – was besser als nichts ist. Beim „echten Factoring" bleibt der Vermieter weiterhin Gläubiger der Mietforderung, das Inkassounternehmen zieht lediglich die Miete ein. Im Grunde erhält der Vermieter vom Inkassounternehmen eine Art Darlehen. Für Vermieter ist dies die bessere Variante, da sie damit weiter das Recht behalten, wegen Zahlungsverzugs zu kündigen.

4.8 Keine Lösung: Die Kaution verbrauchen

Vermieter können sich aus der Kaution bedienen, wenn die Mieter mit der Mietzahlung im Rückstand sind; sie sind aber nicht dazu verpflicht. Empfehlenswert ist es nicht: Erstens fehlt dann beim Auszug der Mieter das Geld für mögliche Schadensbeseitigungen, Forderungen aus Betriebskostenabrechnungen oder unterbliebenen Schönheitsreparaturen. Zweitens bringt der Vermieter sich um die Chance, dem Mieter bei Zahlungsverzug fristlos zu kündigen. Gleicht der Vermieter die fehlenden Mietzahlungen zunächst mit dem Kautionsguthaben aus, kann er vom Mieter verlangen, dass dieser die Kaution wieder auffüllt.

Ein weiterer Vorteil der Kaution, insbesondere der Barkaution, besteht darin, dass der Vermieter auch noch Forderungen aus dem Mietverhältnis gegen den Rückzahlungsanspruch der Kaution aufrechnen, also geltend machen kann. Dabei ist unerheblich, ob die Forderung des Vermieters schon verjährt ist. Voraussetzung ist nur, dass die Forderungen einmal unverjährt zeitgleich existiert haben. Damit erhält der Vermieter Geld für einen Anspruch, dem der Mieter eigentlich entgegenhalten könnte, der Vermieter käme damit zu spät. Häufig verzichten Vermieter während des Mietverhältnisses auf die Durchsetzung ihres Anspruchs z.B. auf Durchführung der laufenden Schönheitsreparaturen, weil sie das Mietverhältnis nicht belasten wollen.

4.9 Stumpfes Schwert: Das Vermieterpfandrecht

Nach § 562 BGB hat der Vermieter ein Pfandrecht an allen Sachen des Mieters, die dieser in die Wohnung gebracht hat. Diese Regelung stammt noch aus einer Zeit, als niemand Dinge auf Kredit kaufte. Heute ist das Vermieterpfandrecht praktisch wertlos, denn der Mieter wird immer behaupten können, dass ein bestimmter Gegenstand geleast oder noch nicht abbezahlt ist. Damit unterliegen diese Dinge nicht dem Vermieterpfandrecht, denn es handelt sich dann nicht um Sachen des Mieters. Bei der nächsten Gelegenheit kann der Mieter den Gegenstand aus der Wohnung bringen oder einen Vertrag vorzeigen, dem zufolge er das Klavier, den Breitbildfernseher oder den PC an seinen Kumpel verkauft hat.

4.10 CHECKLISTE MIETRÜCKSTÄNDE

► Gespräch suchen

► Ggf. mahnen, auch bei schleppender oder unzureichender Zahlung

► Sich mit Einwänden (z.b. Mietminderung) sofort auseinandersetzen:
  Mängel abstellen oder (Wenn vorgeschoben) Rechtsrat suchen

► Abzahlungsvereinbarung treffen
  Einzugsermächtigung vorbereiten
  Schriftlich bestätigen

► Auf Schuldnerberatung hinweisen
  Ggf. Hinweis auf Wohngeld oder andere Sozialleistungen

► Möglichst Direktüberweisung von Sozialleistungen veranlassen

► Chancen Mahnverfahren erwägen
  Ggf. Zwangsvollstreckung
  Ggf. Androhung Eidesstattliche Versicherung
  Ggf. Eidesstattliche Versicherung

► Ggf. Abtretung Forderungen an Inkassounternehmen gegen Geld

5 Scheidung ist nichts dagegen: Die Trennung vom Mieter

Zeit ist Geld. Jede fehlende Monatsmiete reißt Lücken in die Finanzplanung bzw. Finanzierung des Wohnungs- bzw. Hauseigentümers. Denn dass der sich im Mieter getäuscht hat, interessiert seine Bank überhaupt nicht. Sie bucht die Raten seines Kredits weiter im Monatsrhythmus ab. Und sollten Sie sich einen Verwalter genommen haben, der sich um Ihr Mietobjekt kümmert, wird der ebenfalls ungerührt weiter das Hausgeld einziehen. Um das aufzufangen, müssen nicht wenige Kleinvermieter sich zusätzlich verschulden. Auch wenn der Vermieter recht schnell kündigen kann, dauert es meist monatelang, nicht selten über ein Jahr, bis man einen Mietnomaden auf der Straße hat. Zum Mietausfall kommen Gerichtskosten, Anwaltskosten, Gerichtsvollzieherkosten, Renovierungskosten und die für den Schlüsseldienst. Ein fünfstelliger Betrag ist nicht die Ausnahme, sondern eher die Regel.

5.1 Kündigung: Fristlos oder ordentlich?

5.1.1 Mietrückstände: Grund für die fristlose Kündigung

Der Vermieter von Wohnraum kann seinem Mieter unter den Voraussetzungen der §§ 543 Abs. 2 Nr. 3, 569 Abs. 3 BGB fristlos wegen Zahlungsverzugs kündigen. Dabei sind folgende Fälle zu unterscheiden:

- Der Mieter ist für zwei aufeinander folgende Termine mit der Entrichtung der Miete im Verzug.
- Dem steht der Fall gleich, dass der Mietrückstand eine Monatsmiete für zwei aufeinander folgende Zahlungstermine übersteigt.
- Der Mieter ist in einem Zeitraum, der sich über mehr als zwei Zahlungstermine erstreckt, mit der Entrichtung der Miete in Höhe eines Betrages im Verzug, der die Miete für zwei Monate erreicht.

Hierbei wird nicht die Kaltmiete, sondern die Gesamtmiete einschließlich der Betriebskosten zugrunde gelegt. Normalerweise ist der Termin maßgeblich, an dem der Mieter das Geld auf den Weg bringt, nicht der Eingang beim Vermieter. Es sei denn, der Mietvertrag sieht etwas anderes vor.

Einige Beispiele sollen die einzelnen Kündigungsgründe illustrieren: Zahlt der Mieter zwei Monate hintereinander keine Miete, kann ihm gekündigt werden.

Eine Kündigung ist ebenfalls möglich, wenn der Mietrückstand innerhalb von zwei Monaten so hoch ist wie eine Monatsmiete. Nehmen wir an, die Miete beträgt 400 Euro, die Betriebskostenvorauszahlungen 100 Euro. Der Mieter zahlt im Juni eines Jahres nur 250 Euro. Im Juli, also im darauf folgenden Monat zahlt er nur 200 Euro. Der Mieter hätte in den zwei Monaten 1000 Euro zahlen sollen. Gezahlt hat er nur 450 Euro. Der Rückstand von 550 Euro übersteigt eine Monatsmiete.

Wenn ein Mieter über Monate hinweg immer 100 Euro zu wenig bezahlt, ist der Mietrückstand irgendwann so hoch wie zwei Monatsmieten. Auch dann kann fristlos gekündigt werden. Beispiel: die Monatsmiete beträgt 300 Euro, die Betriebskostenvorauszahlung 50 Euro, also insgesamt 350 Euro monatlich. Der Mieter zahlt jeden Monat 250 Euro, also 100 Euro zu wenig. Nach sieben Monaten beträgt der Rückstand 700 Euro. Nun entspricht der Betrag des Rückstands dem Betrag von zwei Monatsmieten, daher kann der Vermieter fristlos nach § 543 Abs. 2 Nr. 3 lit. b kündigen.

Der Mieter kann die fristlose Kündigung abwenden, indem er gegebenenfalls sogar noch im Prozess die gesamte ausstehende Miete bezahlt, Teilzahlungen des Mieters auf den Rückstand führen allerdings nicht zum Erlöschen des Kündigungsrechts. Das Kündigungsrecht kann vielmehr erst dann nicht mehr ausgeübt werden, wenn der Vermieter vor dem Urteil vollständig befriedigt wurde.

Eine Abmahnung vor der fristlosen Kündigung ist nicht notwendig. Aber – wie schon ausgeführt – ansprechen sollte der Vermieter das Thema unbedingt, zumindest mündlich.

An die Form einer fristlosen Kündigung werden mehrere Anforderungen gestellt, die allesamt beachtet werden müssen.

- Die Schriftform
- Bei mehreren Vermietern müssen alle die Kündigung aussprechen und unterschreiben. Wenn einer für die anderen handelt, muss er sich bevollmächtigen lassen und die Vollmacht im Original beilegen. Das gilt auch, wenn ein Verwalter oder Anwalt die oder den Vermieter vertritt.
- Die Kündigung muss allen Mietern gegenüber ausgesprochen werden.
- Der Grund muss genannt werden und nachvollziehbar sein.

Wenn nur eine der formalen Anforderungen nicht erfüllt ist, kann der Mieter die fristlose Kündigung zurückweisen, womit sie unwirksam wird. Wird sie allerdings nicht zurückgewiesen, dann hat ein Formfehler keine Auswirkung: Die Kündigung bleibt wirksam.

Der Mieter hat noch bis einen Monat nach Zustellung der Räumungsklage die Möglichkeit, die fristlose Kündigung abzuwenden, indem er die ausstehenden Mieten auf einen Schlag begleicht bzw. begleichen lässt, etwa wenn die Kommune die Mietschulden übernimmt. Diese Möglichkeit, die fristlose Kündigung rückgängig zu machen, gibt es nicht, wenn der Vermieter dem Mieter innerhalb der letzten zwei Jahre schon einmal wegen Zahlungsverzugs fristlos gekündigt hat.

Wichtig ist auch noch der Hinweis im Kündigungsschreiben, dass der Mieter die Wohnung unverzüglich zu räumen hat und im vertragsgemäßen Zustand mit sämtlichen Schlüsseln zurückzugeben hat. Dieser Passus sollte mit einer Frist, etwa 14 Tage nach Erhalt des Schreibens, verknüpft sein.

Es gibt weitere Fallstricke, die dazu führen könnten, dass der Mieter noch lange in der Wohnung bleiben kann. Man sollte auf jeden Fall im Kündigungsschreiben noch dem Wiederaufleben des Mietverhältnisses ausdrücklich widersprechen. Im § 545 BGB heißt es nämlich: „Setzt der Mieter nach Ablauf der Mietzeit den Gebrauch der Mietsache fort, so verlängert sich das Mietverhältnis auf unbestimmte Zeit, sofern nicht eine Vertragspartei ihren entgegenstehenden Willen innerhalb von zwei Wochen dem anderen Teil erklärt." Juristen vertreten überwiegend die Meinung, dass das nur auf eine ordentliche Kündigung zutrifft, aber im vorigen Absatz hat sich ja schon gezeigt, dass eine fristlose Kündigung noch im Gerichtstermin „geheilt" werden kann. Dann muss wenigstens die gleichzeitig ausgesprochene ordentliche Kündigung hieb- und stichfest sein. Unser Musterschreiben verbindet die fristlose mit der hilfsweise ausgesprochenen ordentlichen Kündigung.

Muster: Fristlose Kündigung wegen Zahlungsverzugs

Name Vermieter

Adresse

Empfänger

(Bitte alle Vertragsparteien nennen)

Ort, Datum

Kündigung wegen Zahlungsverzugs

Sehr geehrter Mieter, *(Alle Vertragsparteien namentlich benennen)*
hiermit kündige ich Ihnen die durch Mietvertrag vom ....angemietete Wohnung ....(genaue Bezeichnung, Anschrift, Lage z.B. 2.OG links) wegen erheblicher Mietrückstände fristlos, hilfsweise fristgemäß.

Sie haben in den Monaten ....und ....2005 zum wiederholten Male den vereinbarten Mietzins in Höhe von ..... Euro monatlich und die Betriebskosten-Vorauszahlung in Höhe von ..... Euro/monatlich nicht geleistet.

Mir ist kein rechtfertigender oder entschuldigender Grund bekannt, der es Ihnen gestattete, die Miete einzubehalten. (Sollten Sie sich in einer unverschuldeten Notlage befinden, wenden Sie sich bitte an das für Sie zuständige Sozialamt). Dadurch hat sich ein Betrag von insgesamt ..... Euro als Mietrückstand ergeben.

Gemäß § 543 BGB Abs. 2 Satz 1 Nr. 3 bin ich zur fristlosen Kündigung berechtigt. Ich fordere Sie nunmehr auf, die Wohnung bis spätestens zum ..... zu räumen, den ordnungsgemäßen, vertragsgerechten Zustand der Wohnung herzustellen und sämtliche an Sie übergebenen Schlüssel an mich herauszugeben.

Hilfsweise erkläre ich Ihnen die Kündigung gemäß § 573 Abs. 2 Nr 1 BGB.

Ich mache Sie darauf aufmerksam, dass Sie der ordentlichen Kündigung widersprechen können. Der Widerspruch muss schriftlich erfolgen. In diesem Fall bitte ich vorsorglich schon jetzt um gleichzeitige Mitteilung der Widerspruchsgründe. Ihr Widerspruch muss mir spätestens zwei Monate vor dem o.g. Endtermin des Mietverhältnisses , also bis zum............ vorliegen.

Eventuelle Schönheitsreparaturen sind bis zu diesem Zeitpunkt unbedingt vorzunehmen. Sollte dies nicht geschehen, so werde ich diese Arbeiten auf Ihre Kosten durch eine Fachfirma durchführen lassen.

Die fristlose Kündigung befreit Sie selbstverständlich nicht von der Verpflichtung, den oben genannten Mietrückstand umgehend zu begleichen.

Einer Fortsetzung des Mietverhältnisses widerspreche ich schon jetzt ausdrücklich.

Mietausfälle, die durch nicht vertragsgemäße Rückgabe der Wohnung entstehen, muss ich Ihnen in Rechnung stellen.

Nach erfolglosem Ablauf dieses Räumungstermins werde ich unverzüglich die Räumungsklage gegen Sie einleiten.

....

Unterschrift aller Vermieter

Doppelkündigung: eine fristlose Kündigung sollte immer auch hilfsweise mit der ordentlichen Kündigung einhergehen

Zustellung: Verlassen Sie sich nicht auf den Postboten

Ein heikles Thema ist die Zustellung der Kündigung. Im Gerichtsverfahren muss der Vermieter nämlich nachweisen, dass der Mieter die Kündigung erhalten hat. In der Praxis ist das gerade bei Mietbetrügern schwierig. Oftmals haben sie alle Schilder von Wohnungstür, Schelle und Briefkasten entfernt, um Ruhe zu haben. Selbst wenn der Briefkasten noch beschriftet ist, besagt selbst ein Einschreiben mit Rückschein noch nicht, dass die Kündigung tatsächlich eingegangen ist. Es kann ja auch ein leerer Umschlag gewesen sein. Wenn der Mieter nicht zu Hause ist bzw. nicht öffnet, weil ja die Klingel kaputt ist, wird er aufgefordert, das Einschreiben bei der Post abzuholen. Dort lagert es, um dann unzugestellt an den Absender zurückzugehen, denn der Mieter wird sich hüten, unangenehme Post abzuholen.

Die schlechteste Lösung von allen ist das Einschreiben mit Rückschein. Die sicherste Lösung – und eine sehr praktikable, wenn die Mietwohnung weiter entfernt ist: Der Gerichtsvollzieher stellt die fristlose Kündigung zu. Sie hat den zusätzlichen Vorteil, dass sie einen sehr offiziellen Anstrich hat und vielleicht ihre Wirkung beim Mieter nicht verfehlt. Leider braucht das Verfahren etwas Zeit. Darum kann es nicht schaden, es schon vorzubereiten, auch wenn die Kündigung dann eventuell noch nicht möglich ist. Über einen Anruf beim Amtsgericht lässt sich erfragen, welcher Gerichtsvollzieher zuständig ist. Man schreibt den Gerichtsvollzieher an und bittet ihn, den Brief offen, also unverschlossen zuzustellen. Zunächst kommt die Rechnung des Gerichtsvollziehers, die man erst begleichen muss, bevor er den Brief zustellt – in der Regel unter 20 Euro. Der Vorteil für einen späteren Prozess: Auch der Gerichtsvollzieher hat eine Kopie des Schreibens in den Akten.

Aus diesem Grunde ist es besser, man stellt den Brief selbst in Gegenwart eines neutralen Dritten zu. Der muss später bezeugen können, dass tatsächlich ein Kündigungsschreiben ins Kuvert gesteckt wurde und dieses Kuvert in den Briefkasten gesteckt, besser noch unter der Tür hindurch geschoben wurde.

Ich lasse schon die fristlose Kündigung von einem Anwalt machen. Es hat eine andere Qualität. Vielleicht bewegt man den Mieter damit ja noch mal. Es hat noch einen weiteren Vorteil: Wenn ein Anwalt erst danach das Mandat übernimmt, spricht er noch mal die Kündigung aus, was wieder extra Zeit kostet.
Frank Rink,
Verwalter von 1000 Wohneinheiten

5.1.2 CHECKLISTE FRISTLOSE KÜNDIGUNG

Genaue Prüfung der Voraussetzungen:

► Der Mieter ist an zwei aufeinander folgenden Zahlungsterminen mit der Miete oder einem erheblichen Teil der Miete in Verzug

► oder der Mieter ist mehr als eine Monatsmiete an zwei aufeinander folgenden Zahlungsterminen in Verzug

► oder der Mieter ist über einen Zeitraum von mehr als zwei Terminen mit einem Betrag von zwei Monatsmieten in Verzug.

Formale Voraussetzungen:

► Schriftform

► Alle Vermieter müssen unterschreiben; sonst Vollmacht im Original beilegen

► Kündigung allen Mietern gegenüber aussprechen

► Grund muss genannt und nachvollziehbar sein

► Zusätzlich die ordentliche Kündigung aussprechen

► Dem Wiederaufleben des Mietverhältnisses widersprechen

► Dokumentierte Zustellung, vorzugsweise durch Gerichtsvollzieher

5.2 Räumungsvergleich: Eine Überlegung wert

Dem Mieter auch noch Geld dafür zu zahlen, dass er auszieht? Bei dieser Vorstellung dürfte so mancher Vermieter die Faust in der Tasche ballen. Dennoch ist der Räumungsvergleich eine gute Möglichkeit, nicht zahlende Mieter loszuwerden und als Vermieter mit einem blauen Auge davon zu kommen.

Der Räumungsvergleich umgeht ein langes Räumungsverfahren, das sich unter Umständen zwei Jahre hinziehen kann, bevor man den Mieter los ist (siehe Kapitel 5.3; Räumungsverfahren: Die Entdeckung der Langsamkeit; S. 104). Er hat auch einen weiteren Vorteil: Er stärkt die Position des Vermieters, wenn seine Rechtsposition nicht ganz so glasklar wie beim Ausstehen zweier Monatsmieten ist: Etwa, wenn er seinem Mieter fristlos wegen unregelmäßiger Mietzahlung gekündigt hat. Oder auch nach einer ordentlichen Kündigung, bei der der Mieter verschiedene Möglichkeiten hat, den Grund für die Kündigung hinfällig werden zu lassen.

Ein Räumungsvergleich kann das Ergebnis eines Räumungsverfahrens vor Gericht sein. Allerdings bekommen Vermieter und Mieter ihn auch ohne Gericht und sogar ohne Rechtsanwalt hin. Der Text eines solchen Räumungsvergleichs könnte etwa lauten: „Mieter XY erkennt an, dass er Vermieter AB mehr als zwei Monatsmieten schuldig ist. Zur Beendigung des Mietverhältnisses schließen die Parteien folgenden Vergleich: XY zieht zum ... aus. Am ... wird die Wohnung besenrein übergeben. Im Gegenzug erlässt AB die offenen Mietforderungen." Ein solcher Vergleich kann für beide Seiten interessant sein. Sollte der Mieter zu einem solchen Vergleich nicht bereit sein, hilft evtl. auch noch eine zusätzliche Kostenbeteiligung an den Umzugskosten. Dabei sollte klar sein, dass dieses Geld erst nach dem Auszug gezahlt wird. Ein solcher Vergleich kann immer noch günstiger sein als ein Räumungsverfahren. Wichtig ist, dass alle Bewohner genannt werden, und auch alle unterschreiben. Am besten, Vermieter und Mieter lassen den Räumungsvergleich zusammen bei einem Notar beurkunden. Eine solche notarielle Urkunde ist ein vollstreckbarer Titel, den der Gerichtsvollzieher braucht, um tätig zu werden.

Leider erkennen viele Vermieter die Dimension des Mietbetrugs, bei dem sie auf Forderungen in fünfstelliger Höhe sitzen bleiben können, meist zu spät. Aus diesem Grund spielt der Räumungsvergleich in der Praxis eine geringe Rolle, außer beim Verkauf oder der Komplettsanierung eines Hauses, wenn der Vermieter seinen Mieter dazu bewegen will, vorzeitig auszuziehen. Leider fallen selbst professionelle Vermieter mitunter mehrmals auf Mietbetrüger herein. Wer schon einmal die finanziellen Folgen von Mietbetrug tragen musste, wird diese Möglichkeit, den Schaden überschaubar zu halten, beim Schopf ergreifen.

5.3 Räumungsverfahren: Die Entdeckung der Langsamkeit

Ich gebe parallel zur fristlosen Kündigung die Räumungsklage raus. Ich warte nicht erst ab, was sich auf die fristlose Kündigung tut, weil ich davon ausgehe, dass sich da nichts tun wird.
Frank Rink, Verwalter von 1000 Wohneinheiten

5.3.1 Parcours mit Hindernissen: Die Klage auf Räumung

Auch wenn es keinen Anwaltszwang gibt, sollte kein Vermieter ohne Rechtsanwalt ein Räumungsverfahren anstrengen. Zu unübersichtlich sind die Tücken des Zwangsvollstreckungsrechts. Hier nur ein kurzer Überblick, der zeigen soll, wie es laufen kann:

Mit der Räumungsklage strebt der Vermieter ein Gerichtsurteil an, einen Rechtstitel. Ohne einen solchen Titel kann der Gerichtsvollzieher – und er ganz allein ist dazu befugt – die Wohnung nicht räumen. Die Räumungsklage muss unbedingt auf Räumung und Herausgabe oder auf „Überlassung" der Wohnung lauten. Es hat bereits Gerichtsvollzieher gegeben, die es abgelehnt haben tätig zu werden, wenn im Urteil steht, dass die Mieter „ausziehen" sollen.

In der Räumungsklage an das Gericht müssen alle Personen ab 18 Jahren aufgeführt sein, die sich in der Wohnung aufhalten. Stehen ordnungsgemäß an der Anschrift gemeldete Personen nicht auf dem angestrebten Räumungstitel, darf der Gerichtsvollzieher nicht räumen! Familienangehörige und nachgewiesene Lebenspartner kann der Gerichtsvollzieher allerdings aus der Wohnung setzen, auch wenn sie nicht im Räumungstitel, den der Vermieter mit der Klage erlangen will, aufgeführt sind.

Wenn sich in der Wohnung nur die Personen aufhalten, die den Mietvertrag unterschrieben haben, hat der Vermieter Glück. Wenn nicht, muss der Vermieter erst einmal in Erfahrung bringen, wer die anderen Personen sind: Eine Anfrage bei der Meldebehörde könnte mit sehr viel Glück etwas ergeben. Der Vermieter wird hier ohne Schwierigkeiten sein berechtigtes Interesse darlegen können. Gesetzt den Fall, der Vermieter ist wirklich an einen Mietbetrüger mit einiger krimineller Energie geraten, dürfte die Anfrage beim Einwohnermeldeamt allerdings nicht unbedingt etwas bringen. Denn wer schon seinen Vermieter betrügt, der wird vermutlich anderes im Sinn haben, als seine Mitbewohner zur Einhaltung des Meldegesetzes anzuhalten. Glück kann man haben, wenn die Bewohner Sozialleistungen erhalten (z.B. Arbeitslosengeld 2). Denn um Anspruch darauf zu haben, ist in der Regel die Meldebescheinigung notwendig. Manchmal bringt es aber mehr, die Nachbarn zu fragen oder der unbekannten Person auf ihrem Weg zur Arbeit hinterher zu fahren. Da ist detektivischer Spürsinn erforderlich. Natürlich kann der Vermieter auch eine Auskunftsklage einreichen, damit sein Mieter ihm mitteilt, wen er ansonsten noch in der Wohnung beherbergt. In der geschilderten Situation allerdings wohl kaum das Mittel der Wahl. Mit einem solchen vorgeschalteten Verfahren gehen auch erst einmal Monate ins Land.

Die Räumungsklage sollte alle zur Wohnung gehörigen Räume, insbesondere auch Kellerräume und auch die zur Benutzung überlassenen Teile – etwa bei Gartennutzung – umfassen.

Doppelter Einsatz: Klage auf Räumung und Zahlung
Es hat sich bewährt, die Klage auf Zahlung der ausstehenden Miete und auf Auszug zu kombinieren, und zwar baldmöglichst, nachdem die Voraussetzungen für die fristlose Kündigung vorliegen. Also: Fristlose Kündigung, gleichzeitig Klage auf Auszug und auf Zahlung. Das spart auch Gerichts- und Anwaltskosten, die zunächst einmal der Vermieter trägt – und von denen er nicht weiß, ob er sie jemals wird eintreiben können. Allerdings ist damit auch ein Risiko verbunden, durch das sich das Verfahren enorm in die Länge ziehen kann. Der Mieter kann nämlich im Prozess behaupten, die Miete sei überhöht. Oder er habe die Miete gemindert, weil die Wohnung unbewohnbar sei. Das Gericht muss dem nachgehen, so haltlos ein solcher Einwand auch ist. Wenn es Anzeichen dafür gibt, dass der Mieter so reagieren könnte (siehe Kapitel 4.1.1; Nur vorgeschoben? Mietminderung; S. 83), sollte zunächst das Räumungsverfahren durchgezogen werden. Die Miete kann später noch eingeklagt werden. Die Ansprüche verjähren nämlich erst nach drei Jahren.

Prozess-Tricks: Zeit schinden
Wenn die Klageschrift bei Gericht eingeht, erhält der Mieter vom Gericht in der Regel zwei Wochen Zeit, auf die Klage zu reagieren. Bis dann ein Termin für die mündliche Verhandlung gefunden ist, vergehen leicht noch einmal sechs Monate. Vermieter müssen bereits in diesem Stadium mit prozessualen Tricks rechnen: Wenn nämlich der Mieter zum ersten Termin nicht erscheint, ergeht zwar ein „Säumnis-

urteil"; allerdings hat der Mieter zwei Wochen Zeit, dagegen Einspruch einzulegen. Ohne diesen begründen zu müssen, ist er dann sehr schnell wieder im „vorigen Stand" und hat das Verfahren erfolgreich schon auf neun Monate gestreckt. Wenn dann endlich ein neuer Termin gefunden ist, hat man – weil es ja meist nicht um eine schwierige Beweiserhebung geht – nach neun Monaten das Urteil.

Manchmal nur Krokodilstränen: Soziale Härten
Es kann aber auch anders gehen: Denn oftmals machen Mieter im Räumungsverfahren soziale Härten geltend: Die Großmutter, im selben Haushalt lebend, ist krank geworden, die Tochter hat gerade entbunden, oder der Sohn steht kurz vor dem Abitur. Oder alle drei Umstände kommen zusammen. Bei Gericht verfangen solche Argumente zunächst, es sei denn, es werden laufend neue soziale Härten vorgetragen.

Wenn der Vermieter schließlich ein Urteil in der Hand hat, steht in aller Regel darin, dass der Mieter ausziehen muss. Um einen Gerichtsvollzieher losschicken zu können, braucht der Vermieter dann noch eine vollstreckbare Ausfertigung des Urteils, die er bei Gericht beantragen muss. Das gleiche gilt für den Räumungsvergleich – auch hier ist eine vollstreckbare Urkunde erforderlich. Man gibt oder schickt dem Gerichtsvollzieher diesen Titel, oder lässt den Rechtsanwalt das machen. Wer klug ist, schickt dem Gerichtsvollzieher gleichzeitig den Vorschuss. Wer das nicht tut, weil er das Verfahren nicht kennt oder weil er nicht weiß, wie hoch der Vorschuss sein muss, erhält erst einmal eine Rechnung, noch bevor der Gerichtsvollzieher irgend einen Schritt zur Räumung unternommen hat. Erst wenn diese Rechnung bezahlt ist, tritt er in Aktion. Auch dadurch geht Zeit verloren.

In vielen Urteilen steht nichts über die Größe der Wohnung und die Anzahl der Zimmer. Das bedeutet: Der Gerichtsvollzieher muss dies zunächst ermitteln, um die Höhe des Vorschusses festlegen zu können, etwa indem er den Mieter selbst, die Nachbarn oder auch den Vermieter fragt. Einfacher und schneller geht es, wenn Vermieter darauf achten, dass Größe und Zimmerzahl im Urteil stehen.
Herbert Langenberg, Obergerichtsvollzieher

Noch mehr Geld weg: Der Räumungskostenvorschuss
Wenn die Rechnung kommt, ist so mancher Vermieter fassungslos. Ein Räumungskostenvorschuss von 5000 Euro für eine Zweizimmerwohnung in sozialen Brennpunkten und von 12.000 Euro für eine Dreizimmerwohnung in mittleren Lagen ist nicht die Ausnahme, sondern die Regel, beklagt Haus & Grund. In Köln etwa werden als

Einem Mieter, der niemals Miete zahlt, muss keine Räumungsfrist eingeräumt werden, wenn er keine Gewähr dafür bietet, dass er die Miete innerhalb der Räumungsfrist zahlt. In einem Verfahren vor dem Bonner Landgericht hatte der Mieter eine Wohnung bezogen, aber keine Miete gezahlt. Nach sechs Wochen wurde ihm fristlos gekündigt. Vor Gericht hatte der Mieter daraufhin eine Räumungsfrist von mehr als einem halben Jahr gefordert. Das Gericht lehnte dieses Ansinnen mit der Begründung ab, dass es auch nach dem Gerichtstermin keinen Zahlungseingang gegeben habe (LG Bonn, 27.4.04, T91/04).

Faustregel pro Zimmer 1500 Euro veranschlagt, wobei Bad und Diele in der Regel nicht mitzählen. Der Vorschuss ist so hoch, da häufig auch Sondermüll anfällt, der sachgerecht entsorgt werden muss, etwa Leuchtstoffröhren oder Reifen und Öl vom Ölwechsel in der zum Haus gehörenden Garage. Wenn Haustiere gehalten werden – egal ob es laut Mietvertrag erlaubt war oder nicht – wird es noch erheblich teurer, da die Unterbringung der Tiere für 60 Tage sichergestellt werden muss. Man kann von zehn Euro täglich für eine Katze ausgehen. Ein Hund kann schnell das Doppelte kosten. Noch erheblich teurer wird es bei Gewerbeobjekten. Der Vorschuss beträgt selbst bei Kleinstflächen kaum unter 20.000 Euro. Für größere Flächen werden bis zu 100.000 Euro erhoben. Wenn der Vorschuss bezahlt ist, bestimmt der Gerichtsvollzieher einen Räumungstermin und teilt ihn auch dem Mieter mit. Zwischen Eingang der Räumungsmitteilung und Räumung müssen drei Wochen liegen. Der Mieter kann nun beim Amtsgericht beantragen, dass ihm eine Räumungsfrist von bis zu einem Jahr gewährt wird, um unzumutbare Härten zu verhindern. Dafür muss er allerdings gewichtige Gründe vortragen.

Zwischenzeitlich kann es sein, dass der Mieter behauptet, bauliche Verbesserungen am Haus oder Garten durchgeführt zu haben, vielleicht sogar solche, die der Vermieter ausdrücklich abgelehnt hat. Der Mieter macht eine Rechnung auf, die die Mietforderungen natürlich bei weitem übersteigt und kommt so zum Schluss, dass er noch einige Monate länger als bis zum festgesetzten Räumungstermin wohnen bleiben darf, um diese Wertverbesserung „abzuwohnen". Natürlich ist das Unsinn, aber auch damit muss sich dann wieder das Gericht auseinandersetzen.

Am Räumungstermin ist der Schuldner entweder da oder nicht. Wenn er nicht da ist, und die Wohnung ist nicht geräumt, bricht der Gerichtsvollzieher die Wohnung auf oder öffnet sie mit einem Nachschlüssel. Er lässt dann mit einer Spedition die Wohnung räumen und den Hausrat für zwei Monate in der Pfandkammer einlagern. Wenn der Schuldner sie in diesem Zeitraum nicht abholt, werden die Sachen versteigert, verkauft oder entsorgt.

Ganz offiziell: Mieter darf trotz Räumung bleiben
Wenn der Schuldner da ist, kann der einwenden, dass er eine andere Wohnung hat, zum Beispiel, wenn ihm die Kommune Ersatzwohnraum zugewiesen hat. Dann über-

legt der Gerichtsvollzieher, welche Lösung günstiger ist: Den Schuldner mitsamt seinem Hausrat auf Kosten des Vermieters in die andere Wohnung bringen zu lassen, oder die Sachen zwei Monate in der Pfandkammer zu lagern. Dies kann manchmal teurer als die erste Lösung sein. Es kann auch sein, dass die Kommune die zu räumende Wohnung beschlagnahmt und dem Mieter zuweist, da in Deutschland durch eine behördliche Maßnahme niemand obdachlos werden darf. Diese Maßnahme darf nur einmal und nur für maximal sechs Monate erfolgen. Für Vermieter ist die ordnungsbehördliche Beschlagnahme ein Tiefschlag, der kaum zu begreifen ist. Die Kommune übernimmt allerdings für diesen Zeitraum die Mietzahlung und trägt auch die so genannten Folgenbeseitigungskosten, also Mietrückstände (in der Regel bis zu maximal sechs Monaten, siehe Kapitel 4.3.4; Rettungsanker für beide? Übernahme von Mietschulden; S. 88) und andere Lasten, zum Beispiel Renovierungskosten: Immerhin ein gewisser Trost für Vermieter.

Trifft der Gerichtsvollzieher andere Personen in der Wohnung an, die nicht auf dem Räumungstitel stehen, darf er nicht weiter räumen, wobei diese Frage in der Rechtsprechung strittig ist. Jedenfalls hat er keine hoheitliche Befugnis, die Identität der Bewohner festzustellen, denn niemand ist verpflichtet, ihm seine Identität zu offenbaren.

Hat der Vermieter noch mehr Pech, dann macht sein Mieter bei der Räumung eine soziale Härte geltend: Er wolle ja ausziehen, aber das Kind stehe kurz vor dem Abitur. Wenn die Räumung eigentlich für Februar angesetzt war, hat der Mieter wieder ein paar Monate bis Juni herausgeschlagen, denn wer will einem Jugendlichen die Zukunft verbauen? Nun kann frühestens im Juli geräumt werden kann. In solchen Fällen kann es durchaus zwei Jahre dauern, bis die Mieter endlich heraus sind.

Nicht selten verlassen die Mieter einen Tag vor dem Räumungstermin die Wohnung. Für Vermieter hat das den Vorteil, dass sie den größten Teil des Vorschusses für die Räumung zurück erhalten, abzüglich einer Gebühr. Wenn allerdings die Räumung sehr kurzfristig abgeblasen wird und die Spedition schon da ist, lässt sich nicht so viel sparen (siehe unten).

Der Gerichtsvollzieher und niemand sonst ist befugt, den Eigentümer oder einen Bevollmächtigten wieder in seinen Besitz einzusetzen. Aus diesem Grund ist es wichtig, dass der Eigentümer oder eben ein Vertreter mit Vollmacht möglichst bei der Räumung zugegen ist. Der Eigentümer hat kein Recht, die Wohnung selbst wieder in Besitz zu nehmen. Auch eine offenbar verlassene Wohnung darf der Vermieter nicht ohne weiteres aufbrechen, um Räumungskosten zu sparen oder um den Vorgang zu beschleunigen.

Kosten sparen: Die eigene Pfandkammer

Wenn irgend möglich, sollten Vermieter versuchen, zumindest die Kosten für die Pfandkammer einzusparen: Wenn die Mieter eine neue Wohnung haben, sollte man die Spedition den Hausrat dorthin bringen lassen – somit bezahlt der Vermieter seinem Mietnomaden den kompletten Umzug mit Spedition. Nach neuerer Rechtsprechung kann der Vermieter die Pfandkammer aber auch selber stellen: Man lässt also den Gerichtsvollzieher bzw. die Möbelpacker den Hausrat in den Keller oder die Garage tragen. Bei einer Neuvermietung vermietet man dann die Wohnung zunächst ohne Keller oder Garage und trifft mit den Nachmietern eine Regelung, dass man die Wohnung ohne Keller vermietet. Diese Regelung ist allemal günstiger als die Inanspruchnahme der Pfandkammer.

5.3.2 Fette Gewinne: Ärgernis Räumungskostenvorschuss

Dass Räumungen so teuer sind, liegt an einem faktischen Monopol bestimmter Speditionsunternehmen bei Zwangsräumungen. Die Praxis hat dazu geführt, dass Gerichtsvollzieher nur mit dem „Spediteur ihres Vertrauens" zusammenarbeiten bzw. auf Grund von Rahmenverträgen der Amtsgerichte mit einem bestimmten Speditionsunternehmen angewiesen werden, bei Räumungsvollstreckungen genau dieses, von der Dienstaufsicht zugelassene, Unternehmen zu wählen. In diesen Rahmenverträgen (Pfandkammerordnungen) sind alle Rechtsbeziehungen und Kosten und vor allem Mindestgebühren des Spediteurs festgelegt. In Großstädten wie Düsseldorf und Köln bestehen Pfandkammerordnungen mit denselben Speditionen seit weit über 30 Jahren.

Grundsätzlich kann der Gerichtsvollzieher mit der Räumung beauftragen, wen er will. Er braucht nicht auf das Angebot eines Vermieters eingehen, der in eigener Regie räumen will. Ebenso wenig muss er einen Spediteur engagieren, den ihm der Vermieter vorschlägt. Dagegen führen Gerichtsvollzieher oft ins Feld, die vorgeschlagene Spedition sei ihnen nicht bekannt und von daher sei keine Garantie dafür gegeben, dass sie zuverlässig arbeite. Ein anderer Einwand lautet, es sei nicht gewährleistet, dass der andere Spediteur eine eigene Pfandkammer in ausreichender Größe habe.

Gerichtsvollzieher sind auch nicht verpflichtet, Vergleichsangebote einzuholen. Die faktische Monopolstellung des örtlichen Spediteurs hält die Kosten hoch. Meistens wird der Kostenvorschuss in der Abrechnung des Gerichtsvollziehers vollständig aufgebraucht, wie Haus & Grund beklagt. Auch wenn der Gerichtsvollzieher grundsätzlich frei in der Auswahl einer Spedition ist, so ist er trotzdem verpflichtet, die

Zwangsvollstreckung so kostengünstig wie möglich durchzuführen. Hiergegen wird oftmals verstoßen: So liegt Haus & Grund eine Abrechnung vor, in der sechs Arbeiter für das Packen von sechs Leihkartons und das Verladen von zwei Möbelwagenmetern eingesetzt wurden. Für diese „Mammutaufgabe" wurden dem Gläubiger 18 Arbeitsstunden berechnet.

Nicht alles schlucken: Zu hoher Räumungskostenvorschuss
In der Vergangenheit sind Vermieter schon oft gegen die Höhe der vom Gerichtsvollzieher berechneten Speditionskosten angegangen, insbesondere dann, wenn die Vollstreckung in letzter Minute abgesagt wurde und nur Bereitstellungskosten angefallen sind. Gerichte haben schon mehrfach Gerichtsvollzieher-Abrechnungen aufgehoben, weil der Spediteur fehlerhaft abgerechnet hat und sich auf seine Allgemeinen Geschäftsbedingungen berufen hat. Oft sind solche Bedingungen unwirksam, weil sie den Regelungen über die Allgemeinen Geschäftsbedingungen widersprechen. Wer den Eindruck hat, dass die Rechnung nicht stimmt, sollte sich an einen Anwalt oder zum Beispiel an Haus & Grund wenden und diese einmal überprüfen lassen.

5.3.3 Räumung in eigener Regie – keine Alternative

Für die Zwangsvollstreckung und damit auch für die Räumung ist in Deutschland der Gerichtsvollzieher zuständig. Die Räumung in eigener Regie ist zwar theoretisch möglich, aber außer für professionelle Vermieter kaum empfehlenswert. Sie wird hier nur kurz angeschnitten.

Wer bereit ist, die Räumung der Wohnung in eigener Regie durchzuführen, kann an den Gegenständen in der Wohnung ein Vermieterpfandrecht geltend machen (siehe Kapitel 4.9; Stumpfes Schwert: Das Vermieterpfandrecht; S. 96) Dieses Pfandrecht berechtigt ihn, dem Gerichtsvollzieher die Entfernung der Gegenstände aus der Wohnung zu untersagen.
Das Pfandrecht setzt eine Geldforderung des Vermieters voraus. Diese steht natürlich außer Frage, wenn sich Mietschulden aufgehäuft haben. Wenn die Räumung ausnahmsweise aus anderen Gründen – etwa Belästigungen – angeordnet worden ist, hat der Vermieter meist Kostenerstattungsansprüche. Auch mit ihnen kann der Vermieter sein Vermieterpfandrecht geltend machen.

Er beauftragt den Gerichtsvollzieher dann eben nicht mit der Räumung, sondern nur mit der Außerbesitzsetzung der Mieter. Im Räumungstermin weist der Gerichtsvollzieher die Wohnungsinsassen nur aus der Wohnung, verbietet ihnen die Rückkehr, und gleichzeitig lässt er die Schlösser tauschen. Auch wenn es andere Entscheidungen gibt, der Bundesgerichtshof hat bestätigt, dass eine Außerbesitzsetzung ohne Entfernung des Wohnungsinhaltes zulässig ist (BGH DGVZ 2003, 88ff.).

Wer das Ausräumen wirklich von eigenen Kräften durchführen lassen will, muss die Gegenstände so lagern, dass daran kein Schaden entsteht. Auch das, was man selbst für Gerümpel hält, darf nicht einfach in den Müll geworfen werden. Der Vermieter muss die Sachen so sorgfältig aufbewahren, wie er es mit seinen eigenen Gegenständen tun würde. Ein Vermieter, der selbst räumt, setzt sich leicht Vorwürfen aus – eben weil er „Partei", also parteiisch ist: Wer garantiert einem, dass der Mieter nicht hinterher behauptet, ein Sparbuch mit 10.000 Euro Guthaben sei bei der Räumung abhanden gekommen? Da mit solchen Vorwürfen leicht zu rechnen ist, sollten Vermieter die Vorgänge unter Beobachtung zuverlässiger Zeugen protokollieren.

Die Verwertung der Gegenstände zur Realisierung des Vermieterpfandrechts unterliegt bestimmten Regeln, die sehr umständlich erscheinen. Die Alternative: Man lässt die Gegenstände vom Gerichtsvollzieher pfänden und lässt sich den Erlös vom Gericht überweisen. Der Fall, dass der Erlös höher ist als die Geldforderung, dürfte in der Praxis selten vorkommen.

Manche Gerichtsvollzieher glauben, das Vermieterpfandrecht nicht anerkennen zu können, soweit lebensnotwendige Gegenstände, z.B. Bett, Schrank, Tisch, betroffen sind. In der oben angeführten Entscheidung ist allerdings festgelegt, dass nur der Schuldner, nicht der Gerichtsvollzieher allein, sich auf die Unpfändbarkeit berufen darf. Dem beugt man so vor, dass man sofort erklärt, der Schuldner dürfe alle Gegenstände, die er entfernen will, mitnehmen. Sofern der Schuldner damit einverstanden ist, kann er die Sachen mitnehmen. Der Transport ist dann Sache des Schuldners und kostet den Vermieter kein Geld.
Auch wenn das Vermieterpfandrecht mit Haken und Ösen behaftet ist, es ermöglicht dem Vermieter in bestimmten Fällen, die Vorschussrechnung für den Gerichtsvollzieher zu begrenzen: Wenn ein Vermieter nämlich das Vermieterpfandrecht an allen in der Wohnung befindlichen Sachen des Schuldners mit Recht geltend gemacht hat und dem Abtransport der Sachen widerspricht, dann braucht er nur die Gerichtsvollziehergebühren und die Auslagen für den Schlüsseldienst vorzuschießen, so zumindest ein Urteil des Amtsgerichts Wedding (AZ 35 M 8075/04 vom 12.7.04).

Selbstverständlich ist der Mieter dazu verpflichtet, die Räumungskosten zu erstatten. Da allerdings in der Regel bei diesem nichts zu holen ist, bleiben Vermieter in der Regel auf diesen Aufwendungen sitzen.

5.3.4 CHECKLISTE RÄUMUNGSVERFAHREN

▶ Notariellen Räumungsvergleich ernsthaft erwägen

▶ Bei Räumungsklage: Alle Bewohner ab 18 müssen verklagt werden
   Ggf. Namen der nicht verwandten Mitbewohner ab 18 feststellen

▶ Überlegen, ob Klage auf Räumung und Zahlung zugleich

▶ Größe und Zimmerzahl der Wohnung / des Hauses schon in Klage spezifizieren

▶ Nicht dem Gerichtsvollzieher vorgreifen bzw. Selbstjustiz üben

▶ Überlegen, ob man selbst die Pfandkammer stellen kann (Garage, Keller)

5.4 Strafanzeige: Noch nicht mal Balsam für die Seele

Ich habe die Frau angezeigt, weil es mir einfach nicht passt, dass solche Leute einfach völlig ungestraft auf anderer Leute Kosten leben können, ohne Gefahr zu laufen, dafür bestraft zu werden.
Helmut Rentrop, Kleinvermieter

Ich habe vor neun Monaten Strafanzeige wegen vorsätzlichen Mietbetrugs gestellt. Ich habe bisher nichts gehört. Als ich allerdings den Mieter in seiner neuen Wohnung zur Rede gestellt habe, hatte ich am nächsten Tag eine Anzeige wegen Hausfriedensbruchs und wurde schon kurz darauf vernommen.
Dieter Salasch, Kleinvermieter

Wer auf Tausenden Euro Mietrückständen sitzen bleibt, wer Monate oder Jahre dafür braucht, seine vertragsbrüchigen Mieter herauszuklagen, zweifelt nicht selten am Rechtsstaat. Und versucht, mit einer Strafanzeige wegen Betrugs das Bild wieder gerade zu rücken – in der Hoffnung, wenigstens so wieder ein Stück Gerechtigkeit herzustellen. Man kann sich vorstellen, dass bei Vermietern leise oder sogar laute Zweifel am Funktionieren des Rechtsstaats einsetzen, wenn die Staatsanwaltschaft nur fünf oder sechs Wochen später einen Brief wie den folgenden schickt:

„Das Ermittlungsverfahren habe ich gemäß § 154 Absatz 1 der Strafprozessordnung eingestellt. Nach dieser Vorschrift kann die Staatsanwaltschaft von der Verfolgung einer Straftat absehen, wenn die wegen der angezeigten Tat zu erwartende Strafe neben einer anderen gegen die Beschuldigte bereits verhängte oder zu erwartende Strafe oder Maßregel oder Besserung und Sicherung nicht beträchtlich ins Gewicht fällt. Diese Voraussetzung ist im vorliegenden Fall erfüllt. Gegen die Beschuldigte ist in einem anderen Verfahren eine Strafe verhängt worden."

Im vorliegenden Fall nahm die Staatsanwaltschaft das Verfahren wieder auf, nachdem sich der Vermieter eindringlich beschwert hatte. Was noch lange nicht heißt, dass jemals ein Urteil gesprochen wird. Einem Mieter den Betrugsvorsatz nachzuweisen ist nämlich nicht einfach. Kluge Mietnomaden zahlen zumindest die erste Miete. Dann kann ihnen nicht so leicht vorgeworfen werden, dass sie den Mietvertrag schon unterschrieben hat in der Absicht, nicht zu zahlen. Damit fehlt der Vorsatz, und der Mieter kann nicht wegen Betrugs verurteilt werden. Dass nach der ersten Miete oftmals kein einziger Cent mehr fließt, spielt strafrechtlich in der Regel kaum mehr eine Rolle. Besser ist der Betrugsvorsatz nachzuweisen, wenn von Anfang an nichts gezahlt worden ist. Wer Kontakt zu ebenfalls geschädigten Vor- und Nachvermietern sucht, wird im Zusammenwirken mit ihnen die Beweislage im Strafprozess eventuell verbessern können.

Das Strafrecht bringt am ehesten seelische Genugtuung, aber auch nur in den wirklich seltenen Fällen, in denen eine Anzeige auch zu einer Verurteilung führt. Sehr oft wird das Verfahren auch eingestellt. Es werden keine Statistiken darüber geführt, wie oft Mietbetrüger verurteilt werden.

Trotzdem ist es sinnvoll, Anzeige zu erstatten, und zwar aus gesellschaftspolitischen Gründen: Wenn alle Vermieter das konsequent täten, wenn die Staatsanwaltschaften zügiger ermittelten und wenn schneller und häufiger Urteile gesprochen würden, dann würde sich auch mehr Unrechtsbewusstsein in der Bevölkerung herausbilden. Noch stellt Mietbetrug für viele Menschen ein Kavaliersdelikt wie Ladendiebstahl dar. Man sollte es nicht tun – aber dem Vermieter tut es ja nicht wirklich weh...

6 Nachwort: Die Schwachen schützen

Nur noch drei Monate Kündigungsfrist brauchen Mieter nach der letzten Mietrechtsreform einzuhalten; Vermieter müssen dagegen je nach Mietdauer und Mietvertrag längere Fristen beachten. Einer von vielen Bausteinen einer mieterfreundlichen Gesetzgebung, mit der der Gesetzgeber die Mieter als die vermeintlich schwächere Partei im Mietrecht schützen wollte. Bei der angesprochenen Änderung ging es darum, Mieter beim Wohnungswechsel vor langer doppelter Mietzahlung zu bewahren und die Mobilität der Mieter zu erhöhen.

Es ist Aufgabe des Gesetzgebers, die Schwachen zu schützen. Allerdings hat es angesichts vieler mieterfreundlicher Gesetze den Anschein, dass das Pendel inzwischen sehr weit zur anderen Seite ausgeschlagen ist. Sind Mieter heute wirklich noch die schwächere Partei? Wohl nicht, wenn es möglich ist, dass sie sich zwei Jahre oder mehr unter Vorspiegelung falscher Tatsachen in einer fremden Wohnung einnisten können, ohne einen Euro Miete zu zahlen. Ein Mahnbescheid war schon früher nicht allzu viel wert; seit die „Restschuldbefreiung" im Privatinsolvenzverfahren Verbrauchern die Chance auf einen Neuanfang gibt, ist die Chance, sein Geld doch noch zu erhalten, weiter gesunken.

Wohl verstanden: Eine zweite Chance hat jeder verdient. Aber der Gesetzgeber hat die Klein- und Kleinstvermieter, die mehr als ein Drittel aller Wohnungen in Deutschland vermieten, aus dem Blick verloren. Gerade sie aber sind die bevorzugten Opfer von Mietnomaden. Teilweise müssen sie Kredite aufnehmen, um die Mietausfälle aufzufangen. Der Aufwand, um ein Räumungsurteil zu erstreiten, ist enorm, aber nicht zu vergleichen mit dem viel größeren Aufwand und den horrenden Kosten, bis die Mietpreller tatsächlich aus der Wohnung gesetzt sind. Unter Haus- und Wohnungseigentümern wächst der Frust, weil sich das Vermieten immer weniger lohnt und mittlerweile durch Mietnomadentum auch kapitale Risiken birgt. Auch der Steuerzahler ist betroffen, denn mitunter führen Mieter die Prozesse gegen ihre Vermieter auch mit Prozesskostenhilfe. Allerdings bleiben auch Anwälte mitunter auf ihren Kosten sitzen. Wenn ihre Rechnungen allerdings beglichen werden, dann hatten die Mieter ganz offensichtlich ja doch Geld – allerdings keine Lust, es für die Zahlung der Miete einzusetzen.

Glücklicherweise geht es um Einzelfälle. Die überwältigende Mehrheit der Mieter ist vertragstreu. Höchstens zehn Prozent der Mietverhältnisse gelten als problematisch. Mietnomaden sind noch seltener, die Zahl der Fälle aber steigt. Mit anderen Worten: Glücklicherweise respektieren die meisten Menschen das Eigentum des anderen.

Allerdings sieht es danach aus, dass der Gesetzgeber sich mit dem Schutz der Schwachen verrannt hat. Es muss etwas faul sein, wenn ein, zwei oder drei Ladendiebstähle zu einer saftigen Geldstrafe führen können, Mietbetrüger in Serie – Schadenshöhe fünfstellig – aber davon ausgehen können, nicht bestraft zu werden. Eigentum verpflichtet, heißt es im Grundgesetz. In diesem Fall auch den Gesetzgeber.

7 Adressteil

Haus & Grund

Deutschland

Haus & Grund Deutschland
Mohrenstraße 33
10117 Berlin
Tel.: 0 30 / 2 02 16-0
www.haus-und-grund.net

Baden-Württemberg

Haus & Grund Baden e.V.
Lessingstr. 10
76135 Karlsruhe
Tel.: 07 21 / 8 31 28 10
www.haus-und-grund-baden.de

Haus & Grund Württemberg e.V.
Werastr. 1
70182 Stuttgart
Tel.: 07 11 / 2 37 65 10
www.hausundgrund-wuerttemberg.de

Bayern

Haus & Grund Bayern e.V.
Herzog-Wilhelm-Str. 10/IV
80331 München
Tel.: 0 89 / 5 51 41-510
www.haus-und-grund-bayern.de

Berlin

Haus & Grund Berlin e.V.
Potsdamer Str. 143
10783 Berlin
Tel.: 0 30 / 2 16 34 36
www.haus-und-grund-berlin.de

Brandenburg

Haus & Grund Brandenburg e.V.
Voltaireweg 12
14469 Potsdam
Tel.: 03 31 / 2 70 21 23
www.hausundgrundbrbg.de

Bremen

Haus & Grund Landesverband Bremen e.V.
Am Dobben 3
28203 Bremen
Tel.: 04 21 / 36 80 40
www.haus-und-grund-bremen.de

Hamburg

Grundeigentümer-Verband Hamburg
von 1832 e.V.
Glockengießerwall 19
20095 Hamburg
Tel.: 0 40 / 3 09 67 20
www.grundeigentuemerverband.de

Hessen

Haus & Grund Hessen e.V.
Niedenau 61-63
60325 Frankfurt
Tel.: 0 69 / 72 94 58
www.hausundgrundhessen.de

Mecklenburg-Vorpommern

Haus & Grund
Mecklenburg-Vorpommern e.V.
Mecklenburgstr. 64
19053 Schwerin
Tel.: 03 85 / 5 77 74 10
www.haus-und-grund-mv.de

Niedersachsen

Haus & Grund Niedersachsen e.V.
Schützenstr. 24
30853 Langenhagen
Tel.: 05 11- / 97 32 97-0
www.haus-und-grund-nds.de

Haus & Grund Oldenburg e.V.
Staulinie 16/17
26122 Oldenburg
Tel.: 04 41 / 1 41 16

Nordrhein-Westfalen

Haus & Grund Rheinland e.V.
Lütticher Straße 1-3
50674 Köln
Tel.: 02 21 / 25 86 70
www.hausundgrund-rheinland.de

Haus & Grund Ostwestfalen-Lippe e.V.
Alter Markt 11
33602 Bielefeld
Tel.: 05 21 / 9 64 30-0
www.haus-und-grund-ostw-lippe.de

Haus & Grund Ruhr e.V.
Postfach 101642
45016 Essen
Tel.: 02 01 / 23 47 05
www.hug-essen.de

Haus & Grund
Nordrhein und Westfalen e.V.
Elisabethstr. 4
44139 Dortmund
Tel.: 02 31 / 95 83-0
www.haus-und-grund.com

Haus & Grund Westfalen e.V.
Dahlenkampstr. 5 - Parterre -
58095 Hagen
Tel.: 0 23 31 / 2 90 96
www.hausgrund-westfalen.de

Rheinland-Pfalz

Haus & Grund Rheinland-Pfalz e.V.
Kaiserstr. 9
55116 Mainz
Tel.: 0 61 31 / 61 97 20
www.haus-und-grund-rlp.de

Saarland

Haus & Grund Saarland e.V.
Bismarckstraße 52
66121 Saarbrücken
Tel.: 06 81 / 66 83 70
www.haus-und-grund-saarland.de

Sachsen

Haus & Grund Sachsen e.V.
Fetscherstr. 29
01307 Dresden
Tel.: 03 51 / 5 63 79 07
www.haus-und-grund-sachsen.net

Sachsen-Anhalt

Haus & Grund Sachsen-Anhalt e.V.
Steinigstraße 7
39108 Magdeburg
Tel.: 03 91 / 7 31 68 32
www.hugsa-magdeburg.de

Schleswig-Holstein

Haus & Grund Schleswig-Holstein e.V.
Sophienblatt 3
24103 Kiel
Tel.: 04 31 / 66 36-110
www.haus-und-grund-sh.de

Thüringen

Haus & Grund Thüringen e.V.
Schwarzburger Chaussee 4
07407 Rudolstadt
Tel.: 0 36 72 / 42 89-0
www.hug-thueringen.de

Auskunfteien (Auswahl)

InfoScore
Management- und Beteiligungs GmbH
Rheinstraße 99
76532 Baden-Baden
Tel.: 0 72 21 / 50 40-1000
www.infoscore.de

Bürgel Wirtschaftsinformationen
GmbH & Co. KG
Gasstraße 18
22761 Hamburg
Tel.: 0 40 / 8 98 03-0
www.buergel.de

Verband der Vereine Creditreform e.V.
Hellersbergstraße 12
D-41460 Neuss
Tel.: 0 21 31 / 1 09-0
www.creditreform.de

SCHUFA Holding AG
Kormoranweg 5
65201 Wiesbaden
Tel.: 06 11 / 9 27 80
www.schufa.de

Schuldnerberatung

Bundesarbeitsgemeinschaft
Schuldnerberatung e.V.
Wilhelmsstraße 11
34117 Kassel
Tel.: 05 61 / 77 10 93
www.bag-sb.de

Stichwortverzeichnis

Mieter-insolvenz

Praxisratgeber für Vermieter

Thomas Kempkes · Olaf Schneider

Praxisratgeber Recht

vhg
Verlag Haus und Grund

In der Broschüre „Mieterinsolvenz" wird anschaulich und informativ aufgezeigt, wie sich Vermieter nicht nur im Falle der Insolvenz des Mieters, sondern bereits bei einer drohenden Insolvenz verhalten sollen. Verbunden mit wertvollen Tipps und mit etlichen Musterformularen wird der Ablauf eines Insolvenzverfahrens eines Mieters beschrieben. Zu jedem Stadium des Verfahrens wird erläutert, auf was der Vermieter besonders achten sollte und welche Handlungsmöglichkeiten sich jeweils bieten.

Fachbegriffe werden allgemein verständlich erläutert, so dass das Buch gerade auch für Laien eine praktische Hilfe in einer schwierigen Situation ist.

Mieterinsolvenz – Praxisratgeber für Vermieter
80 Seiten, kartoniert, 1. Auflage 2005,
ISBN 3-936945-02-0
Verlag Haus und Grund · Lütticher Straße 1-3 · 50674 Köln
Telefon: 0221 / 270986 · Telefax: 0221 / 252967
E-Mail: info@verlag-hausundgrund.de
Online erhältlich unter: www.verlag-hausundgrund.de